Hitler et le nazisme

QUE SAIS-JE ?

Hitler et le nazisme

CLAUDE DAVID

Professeur à l'Université de Paris-Sorbonne

Neuvième édition

82e mille

puf

ISBN 2 13 036288 5

9e édition : 4e trimestre 1979

108, Bd Saint-Germain, 75006 Paris

PREMIÈRE PARTIE

LA CONQUÊTE DU POUVOIR (1919-1934)

Chapitre Premier

HISTOIRE

I. — 1919-1923

1. Apparition de Hitler. — *L'Allemagne en juin 1919.* — Au mois de juin 1919, la révolution qui avait commencé peu de temps avant l'armistice de novembre 1918, est définitivement jugulée. Les soviets d'ouvriers et de soldats sont partout dissous. Une Assemblée constituante s'est réunie, et les commissaires du peuple, qui avaient exercé jusqu'alors l'exécutif, ont remis leurs pouvoirs à un gouvernement de coalition, où ne figure aucun socialiste révolutionnaire, et qui groupe des représentants de la social-démocratie, du Centre catholique et du Parti démocrate.

Le difficile problème de la démobilisation est, en apparence, résolu. Les unités revenues du front sont dissoutes. Avant que le traité de Versailles n'ait décidé le statut définitif de l'armée, on a constitué provisoirement une Reichswehr. Le gouvernement, modéré, n'a pas voulu armer les groupements populaires qui s'étaient formés spontanément. Il a forgé, de toutes pièces, une armée de volontaires, encadrée par des officiers de carrière. Cette

Reichswehr, forte de vingt-huit brigades, et qui compte, en juin 1919, environ trois cent mille hommes, est destinée à absorber ce qu'on nomme les « corps francs ». Ces corps francs étaient des groupements de volontaires qui, à partir de décembre 1918, s'étaient formés, surtout sur les frontières orientales, pour s'opposer aux Polonais et aux Tchèques ainsi qu'aux bolchevistes russes. En fait, la Reichswehr ne les absorbe que partiellement. Il subsiste, à côté d'elle, un très grand nombre d'organisations militarisées : ce sont, outre les corps francs, tournés à l'extérieur contre les Slaves, et souvent très hostiles à la nouvelle Reichswehr, les gardes civiques *(Einwohnerwehren)*, tournées à l'intérieur contre le communisme. Le pouvoir central contrôle assez bien les formations de l'intérieur ; il dirige beaucoup moins bien les formations des frontières, où sont réunis les éléments les plus actifs et les plus réactionnaires de l'ancienne armée. C'est ainsi que le corps de la Baltique *(Baltikum)*, où se signale surtout un capitaine Ehrhardt, combat de son propre chef les bolchevistes russes autour de Riga ; il faut l'intervention de la Mission interalliée pour mettre fin à leurs initiatives.

A côté de ces formations militaires, existent toutes sortes de sociétés de gymnastique, d'inspiration patriotique, et tout un pullulement de groupements et de partis, monarchistes, racistes, nationalistes, qui n'acceptent que de mauvais gré la République qui se prépare à Weimar.

Juin 1919 est aussi le mois où le gouvernement allemand accepte les conditions rigoureuses que Clemenceau lui impose à la Conférence de la Paix. De longs débats avaient été nécessaires : une partie du gouvernement et de l'armée avait songé à reprendre les hostilités ; le maréchal Hindenburg, consulté, avait déclaré préférer « une fin honorable à une paix infamante », puis il avait remis sa démission de chef de l'armée. Un nouveau cabinet avait dû être formé le 20 juin. Le 21 juin, la flotte s'était sabordée à Scapa Flow. Des manifestations d'officiers et d'étudiants avaient eu lieu à Berlin. Au même moment, une « république rhénane », encouragée par la France, était proclamée à Wiesbaden.

Si la révolution de gauche était dominée, la situation du Reich restait donc cependant très instable. L'opposition nationaliste et conservatrice, quoique très minoritaire dans le pays, était devenue redoutable. Cela était vrai pour la Bavière, plus encore que pour le reste du Reich. C'est à Munich que les socialistes révolutionnaires avaient pu se maintenir le plus longtemps au pouvoir. Bien que leur chef Kurt Eisner eût été assassiné en février, une « république soviétique » y avait été proclamée le 6 avril. Le particularisme bavarois se manifestait à la fois dans les partis d'extrême-droite et dans ceux d'extrême-gauche. Munich avait dû être « repris » par une expédition ordonnée de Berlin, à laquelle avait participé, aux côtés de l'armée régulière, le corps franc bavarois de von Epp. Après avoir été à la pointe de la révolution socialiste, la Bavière va devenir le centre de l'activité réactionnaire.

Le Parti ouvrier allemand. — Vers la fin de la guerre, en mars 1918, s'était constitué à Brême, un Comité « pour une juste paix allemande ». C'était un groupement d'inspiration nationaliste. La filiale de Munich était dirigée par un ouvrier du nom de Drexler.

Après la guerre, le Comité devint un des innombrables partis qui naquirent alors. Il prit le nom de

« Parti ouvrier allemand ». En 1921, il devint le « Parti ouvrier allemand national-socialiste ». Ni le nom ni la chose ne pouvaient étonner. Le parti de Drexler était loin de constituer une anomalie en Allemagne. Il y avait à Hanovre un « Parti socialiste allemand » où militait Julius Streicher, ailleurs un « Parti social allemand ». Et déjà sous Guillaume II, un des grands groupements conservateurs et antisémites, celui de Friedrich Naumann, avait pris, pour s'opposer aux « chrétiens sociaux », le nom de « social-national ». Le « socialisme » de ces partis n'était donc pas même un trompe-l'œil ; ils ne voulaient pas se faire prendre pour des partis de gauche ; ils proclamaient, au contraire, hautement leur tendance.

Le Parti ouvrier allemand était, en juin 1919, un minuscule groupement d'une soixantaine de membres. Trois personnalités y dominaient : le journaliste Dietrich Eckart, qui voulait fonder une « alliance bourgeoise allemande », l'ingénieur Gottfried Feder, qui sera le premier théoricien du Parti, le capitaine Ernst Roehm, un ancien officier, à demi aventurier venu du corps franc de von Epp.

En juillet 1919, dans une réunion du Parti, un des assistants se fit remarquer par une vigoureuse intervention contre le séparatisme bavarois. Il fut invité à adhérer, et devint promptement membre du Comité directeur. Il s'appelait Adolf Hitler.

La jeunesse de Hitler. — On ne connaît la jeunesse de Hitler que par le bref récit que lui-même en fait dans *Mein Kampf*. Son père était un douanier autrichien qui, lors de la naissance d'Adolf Hitler, en 1889, était employé au poste frontière de Braunau, sur l'Inn. Le jeune garçon refusa de devenir fonctionnaire, comme son père le désirait :

il se sentait une vocation de peintre. Il poursuivit cependant ses études secondaires à Linz. Mais, à l'âge de treize ans, il perdit son père. Deux ans plus tard, il contracta une assez grave affection pulmonaire, qui l'obligea à interrompre ses études. Peu après, sa mère mourut à son tour. Agé de seize ans, orphelin et sans ressources, il partit en 1905 pour l'Académie de peinture à Vienne. Il n'y fut pas reçu. Il vécut alors des années difficiles. Le manque d'argent l'obligea à s'employer comme manœuvre. Puis il put, tout en étudiant le dessin d'architecture, travailler à son compte, comme aquarelliste. En 1912, il partit pour Munich, où il était encore au moment de la déclaration de guerre.

Ces premières années de la vie de Hitler le montrent déjà acharné à atteindre le but qu'il s'est fixé. Il veut, comme il dit, devenir « quelqu'un ». C'est le fils d'un humble fonctionnaire, qui veut s'élever, à tout prix. C'est un artiste manqué qui, dans sa biographie, est soucieux de marquer la distance qui le sépare du prolétaire : « Mes vêtements étaient encore convenables, mon langage était choisi, mes manières réservées. » Il souligne lui-même que « le milieu de sa jeunesse se composait de petits bourgeois... groupe social qui s'est élevé depuis peu de temps au-dessus du niveau des travailleurs manuels... et qui garde le souvenir odieux de la misère culturelle de cette classe inférieure ». Au spectacle des quartiers populeux de Vienne, il s'écrie : « Que se passera-t-il, si (un jour), le flot de ces esclaves déchaînés sort de ces bouges misérables pour se répandre sur le reste de l'humanité, si follement insouciante ? » La part du ressentiment social dans sa carrière éclate à chaque page de *Mein Kampf*.

Les années que passe Hitler à Vienne sont ses années de formation. Il a une fringale de lecture. Il lit les écrivains politiques, Georges Sorel, Nietzsche, Schopenhauer, les historiens, les ouvrages de technique. Ceux qui l'ont connu lui accordent une vraie compétence en mécanique et dans les problèmes de l'armement. Pour le reste, il dispose de connaissances à la fois superficielles et variées, qui, soutenues par une mémoire exceptionnelle, lui permettent de prendre passionnément parti sur toutes les questions.

En outre, et selon son propre témoignage, c'est à Vienne qu'il fit son apprentissage politique. Le spectacle de la monarchie austro-hongroise, déchirée par les revendications des nationalités, développe en lui la conscience de la supériorité des Allemands. L'administration antisémite du bourgmestre de Vienne, Karl Lueger, le convertit aux doctrines racistes.

Hitler, qui avait été réformé par le Conseil de révision en Autriche, s'engagea dès le début de la guerre dans l'armée bavaroise. Il fut blessé, gazé, décoré de la Croix de fer. Au moment de l'armistice, il est en traitement dans un hôpital. De retour dans son bataillon, humilié par la défaite, il entre en conflit avec les conseils de soldats de Munich qui, dit-il, avaient ordonné pour le 27 avril 1919 son arrestation. Il est sauvé par la fin du gouvernement révolutionnaire de Munich et, peu après, il dépose comme témoin contre ses adversaires de la veille.

Cette attitude lui valut d'être gardé dans l'armée nouvelle. Il suivit, comme les autres soldats de son bataillon, un cours de rééducation. Parmi les instructeurs de ce cours, il y avait Gottfried Feder, que Hitler entendit là pour la première fois. C'est ainsi qu'il prit contact avec le « Parti ouvrier allemand ».

Un jour, dans ce cours qu'il suivait à l'armée, il fit profession d'antisémitisme. « Le résultat », écrit-il, « fut qu'on me désigna peu de jours après comme « officier de propagande » (*Bildungsoffizier*) dans un régiment de Munich... Il s'agissait de rétablir la discipline militaire et d'inculquer à nouveau à la troupe les sentiments nationaux et patriotiques ». Hitler conserva ces fonctions dans la Reichswehr jusqu'au 1er avril 1920.

2. **Hitler s'impose.** — En juillet 1919, Hitler est membre d'un obscur parti bavarois. En 1923, accepté par toutes les organisations d'extrême-droite il tente un coup d'Etat pour prendre le pouvoir. Les événements l'avaient servi, mais il avait su aussi rapidement supplanter ses innombrables rivaux.

Le temps des troubles en Allemagne. — La menace que faisaient peser sur la République allemande les organisations para-militaires ne tarda pas à se faire sentir. De 1920 à 1925, une série de complots et d'assassinats compromet la vie politique et met souvent le régime en péril : en mars 1920, le putsch de Kapp et Lüttwitz, appuyé sur la brigade de fusiliers marins du capitaine Ehrhardt, contraint le gouvernement à fuir en province pendant plusieurs jours. En 1921 commence la série de grands attentats politiques dont les plus fameux coûtent la vie au signataire de l'armistice, Erzberger et l'année suivante à Walter Rathenau, l'économiste renommé, ministre des Affaires étrangères.

L'application du traité de Versailles, qui n'accordait à l'Allemagne qu'une armée de cent mille hommes, obligea les gardes civiques et les associations militaires à changer de nature. Elles avaient été jusqu'alors tolérées, entretenues, utilisées parfois par le gouvernement. Elles devinrent clandestines ;

elles se transformèrent en groupements terroristes. Sous la pression des Alliés, une loi du 22 mars 1921 désarma, en principe, toutes les organisations, sans toutefois les dissoudre. Cette loi fut appliquée énergiquement par le gouvernement social-démocrate de Prusse : le terrorisme fut en Prusse beaucoup moins virulent qu'ailleurs. Le gouvernement du Reich appliqua la loi avec plus de mollesse. La Bavière décida de l'ignorer. De mars 1920 à septembre 1921, von Kahr y détient le pouvoir. Il déclare que ces organisations « purement civiles » peuvent seules protéger le pays « contre les vagues destructrices du bolchevisme ». Dès lors, la Bavière devient l'arsenal de l'Allemagne : les formations para-militaires n'y comptent pas moins de trois cent mille hommes. Une des principales s'appelle, du nom de son fondateur, l'Organisation Escherisch ou *Orgesch*. La brigade Ehrhardt, dissoute en Prusse, se reconstitue en Bavière, où elle devient la fameuse « O.C. » (Organisation Consul). Les corps francs qui avaient guerroyé en Haute-Silésie en 1921, trouvent asile également en Bavière.

Tel est le milieu dans lequel se développe le Parti ouvrier allemand. C'est contre le particularisme bavarois que Hitler fera sa fortune. Mais c'est à lui aussi qu'il doit d'avoir pu exister.

Progrès rapides du Parti ouvrier. — En 1919, le Parti ouvrier compte une soixantaine de membres. L'année suivante, il en réunit trois mille. En 1922, son journal tire à vingt mille exemplaires.

Le Parti se contente d'abord d'organiser de petites bagarres et de multiplier les réunions de propagande. Le 3 février 1921, Hitler réunit plusieurs milliers d'auditeurs au Cirque Krone. Le 4 novembre de la même année, à la Hofbräu, une fusillade éclate entre « nazis » et social-démocrates. En même temps, des filiales du Parti se constituent dans différentes villes de province, surtout en Allemagne du Sud. Le premier congrès se tient en janvier 1922, à Munich. Depuis décembre 1920, le Parti a son journal, le *Völkischer Beobachter*, d'abord hebdomadaire, puis, en 1923, quotidien.

Mais le principal événement de ces années est la constitution des Sections d'assaut. Le Parti avait eu, dès le début, un service d'ordre à lui, les *Ordnertruppen*. Mais, le 3 août 1921, il crée une « société gymnastique et sportive », destinée à « maintenir l'idéal militaire d'un peuple libre ». Cette création a lieu quatre mois après le décret qui dissout les gardes civiques. Le Parti hérite du personnel de ces formations. Bientôt, cessant de se masquer, la section sportive prend le nom de « Section d'Assaut » (S.A.).

Au cours de ces années adhèrent au Parti la plupart de ses futurs dirigeants. Hermann Gœring, un des « as » de l'aviation pendant la guerre, devient chef des S.A. Himmler, un régisseur de propriétés agricoles, Rudolf Hess, apparaissent à ce moment. Hitler lie relation avec Otto et Grégor Strasser, nationalistes et socialisants eux aussi. Les frères Strasser penchent pour une politique d'entente avec la Russie. Au bord opposé, Alfred Rosenberg, d'origine balte, qui va devenir un des « penseurs » du Parti, est violemment hostile à l'U.R.S.S.

Mais le Parti trouve aussi des appuis au-dehors. Par Rosenberg, il se lie avec les milieux des Russes blancs et l'hetman Skoropadski, ancien maître de l'Ukraine. Par Frick, haut fonctionnaire de Munich, il gagne la bienveillance de la police bavaroise. Par Koehm surtout, il est en relations étroites avec von Epp et les milieux conservateurs de la Reichswehr. Gregor Strasser met Hitler en relations avec Ludendorff. Hitler lie des contacts également avec les grandes organisations antisémites d'Allemagne du Nord, et avec von Borsig, président du syndicat du patronat. Il trouve dans tous ces milieux des recrues et surtout des bailleurs de fonds.

Mais ces progrès du Parti n'étaient pas sans danger : il risquait d'être absorbé par d'autres organisations, plus vastes ou plus puissantes. Le dynamisme et l'habileté de Hitler firent que le contraire se produisit. Hitler, en 1921, devient président du Parti, le N.S.D.A.P., éliminant Drexler ; en 1923, il remplace Eckart à la direction du journal. Quand, en 1923, les diverses formations paramilitaires du Reich se fondent dans une « ligue des associations de combat » *(Kampfbund)*, on put penser que Hitler ne serait plus que le « prisonnier de la Reichswehr ». En fait, malgré les réticences de Ludendorff, Hitler, le 24 septembre 1923, est reconnu comme chef du Kampfbund.

3. Le coup d'Etat manqué. — Hitler est donc devenu le chef de la résistance d'extrême-droite. Mais, pour qu'il ait pu songer à prendre le pouvoir, il a fallu une série d'événements.

Causes extérieures du coup de force. — C'est d'abord, en 1923, l'occupation de la Ruhr par les troupes françaises. Cette occupation, dont l'objet était d'acquérir un gage sur les réparations de guerre, que l'Allemagne tardait à payer, eut des conséquences multiples. D'abord, elle aviva violemment le patriotisme allemand, dans tous les partis, et elle servit la propagande nationaliste des factions d'extrême-droite. La population de la Ruhr décida la résistance passive et, soutenue d'abord par le gouvernement, cessa le travail. La Reichswehr, utilisant les circonstances, reprit un contact plus étroit avec les formations para-militaires, leur fournit des armes et de l'argent : l'ensemble constitua ce qu'on nomma la « Reichswehr noire ». L'agitation de droite augmenta dangereusement. Une « journée allemande » se tint le 2 septembre à Bayreuth, une insurrection à Kustrin tenta le 1er octobre de renverser le régime.

En même temps, la cessation du travail dans la Ruhr et les secours qu'il fallut verser aux chômeurs donnèrent le coup de grâce à une économie déjà ébranlée. L'inflation avait commencé depuis longtemps. Elle prit en 1923 une allure vertigineuse. Elle opéra un brutal déplacement des fortunes, laissant un sentiment d'instabilité et de méfiance, peu propice à la paix intérieure.

L'autre événement essentiel est, à la fin de 1922, la marche sur Rome des fascistes italiens. Sans l'exemple de cet improbable succès, il est peu vraisemblable que Hitler eût, à son tour, tenté une marche sur Berlin.

Le Putsch du 8 novembre 1923. — Depuis septembre 1923, le nouveau gouvernement du Reich, dirigé par Stresemann, a mis fin à la résistance passive de la Ruhr. Il pense obtenir par la négociation plus que par la violence. Cette sagesse déclenche un regain de révolte à l'extrême-droite.

Dans l'agitation générale, la Bavière ne pouvait rester à l'écart. Mais, par chance pour la République allemande, l'opposition de droite y était divisée. Une fraction était séparatiste : elle voulait restaurer à Munich le prince héritier des Wittelsbach, Rupprecht. Le chef de cette fraction est von Kahr, qui, depuis septembre, dirige la province avec le titre de Commissaire d'Etat. L'autre fraction, menée par Hitler, est hostile à tout séparatisme : son objectif est de renverser le gouvernement de Berlin. Elle dispose de l'appui de Ludendorff, qui, dans les projets, doit devenir chef de l'armée.

Hitler s'était heurté déjà à l'administration bavaroise. Il avait purgé en 1922 un mois de prison pour entrave à la liberté de réunion. Après une tentative qu'il avait faite, le 1er mai 1923, de s'opposer par les armes à une réunion socialiste, on avait été tout près de l'expulser de Bavière.

Le 8 novembre, il décida d'agir. Il fit cerner par ses troupes une réunion tenue par von Kahr à la brasserie Bürgerbräu. Il fit irruption dans la salle et, sous la menace, obtint que von Kahr fît cause commune avec lui. Un gouvernement provisoire serait proclamé à Munich et une marche sur Berlin organisée. Mais, le lendemain 9 novembre, Kahr s'est ressaisi : il fait ouvrir le feu sur un cortège que dirigent Ludendorff et Hitler. Le Parti a seize tués, qui deviennent les « martyrs » du mouvement. Berlin, averti, décrète l'état de siège. Hitler prend la fuite, mais il est arrêté le surlendemain, ainsi que Roehm, Gregor Strasser, Frick, Dietrich Eckart et quelques autres. Gœring s'enfuit en Italie. Ludendorff est laissé en liberté provisoire.

Hitler avait manqué son coup Il lui faudra près de dix ans avant de réparer son échec.

II. — 1923-1929

1. **L'Allemagne s'apaise.** — Ces six années constituent, dans la carrière de Hitler, une longue parenthèse. En 1923, il avait pu se croire près du succès. Il redevient pour de longues années un élément négligeable. Aux élections de mai 1924, après les

fièvres patriotiques provoquées par l'occupation de la Ruhr, les racistes ont encore trente-deux sièges (soit 6,6 % des voix). En 1928, les hitlériens ne recueillent que 3,5 % des voix. La République de Weimar paraît installée et la menace du césarisme écartée.

C'est le moment — le seul — où le régime parlementaire, appuyé sur une solide majorité du centre, fonctionne d'une façon normale. Le mark est stabilisé dès la fin de 1923. A l'extérieur, l'Allemagne retrouve peu à peu sa place en Europe : elle signe en 1925 le pacte de Locarno, elle entre en 1926 à la S.D.N., elle participe en 1928 au pacte de renonciation à la guerre. La Ruhr est évacuée à la fin d'août 1925 ; les troupes alliées quittent peu à peu la Rhénanie. Successivement le plan Dawes et le plan Young prévoient le versement échelonné des réparations de guerre. Après les années de pénurie, l'économie allemande se restaure. Il est vrai qu'à la mort d'Ebert, la droite fait élire à la présidence du Reich le maréchal von Hindenburg. Mais, sauf dans ses dernières années, le vieux monarchiste accepte honnêtement le jeu parlementaire. Il est vrai aussi qu'en 1926, l'évocation, au Parlement, de la « Reichswehr noire » contraignit le général von Seeckt à quitter le commandement de l'armée. Mais il est caractéristique que le problème soit soulevé par un des partis de la majorité gouvernementale : le temps des coups de force est révolu.

2. **La grande crise du Parti nazi.** — Le procès consécutif au putsch de Munich eut lieu en janvier 1924. Hitler fut condamné à cinq ans de détention, Ludendorff acquitté. Le Parti national-socialiste fut dissous.

Pendant sa captivité, Hitler commence à dicter

à Rudolf Hess, arrêté lui aussi, ce qui deviendra *Mein Kampf*. Gregor Strasser, élu au Landtag de Bavière, est libéré. C'est lui qui, avec Ludendorff, essaie de regrouper les troupes du Parti. Il n'a d'abord d'autre ressource que de se fondre avec les racistes traditionnels de von Graefe dans un « Parti raciste de la liberté », tandis que Roehm tente de reconstituer les S.A. sous un nom nouveau.

Grâce à l'intervention du ministre bavarois de la Justice, Hitler est libéré après moins d'un an de captivité. L'état d'exception est levé, ce qui permet, le 27 février 1925, la reconstitution du Parti national-socialiste.

Mais désormais, les « tendances », qui n'étaient pas apparues pendant la période ascendante, se manifestent avec violence. Gregor Strasser a pris de l'importance. Il dirige le Parti en Allemagne du Nord, et une hostilité à peine dissimulée sépare le Nord et le Sud. Au *Völkischer Beobachter* munichois de Hitler s'oppose l'*Arbeiterzeitung* berlinois des frères Strasser. C'est le moment aussi où apparaît un Rhénan, Joseph Gœbbels qui, attaché d'abord à Strasser, se rallie ensuite à Hitler. Le conflit des deux Allemagnes éclate en 1926 au Congrès de Bamberg, en 1927 au Congrès de Nuremberg.

L'opposition de Hitler et de Strasser concerne la tactique, non la doctrine. Strasser penche vers l'alliance russe et porte plus l'accent sur les problèmes sociaux, Hitler incline davantage vers l'Italie. Mais surtout, alors que Strasser représente l'aile « activiste » du Parti, Hitler, avec habileté, pratique pendant les années de crise une politique de prudence, destinée à rassurer, en Allemagne, la droite traditionnelle et, au-dehors, l'opinion anglo-saxonne. En 1926-1927, il parcourt les milieux industriels de la Ruhr, en insistant sur le respect de la propriété privée. Il réprouve ouvertement le paganisme « germanique » de Ludendorff et estompe l'aspect anticlérical de son Parti. Quand, en 1926, un mouvement d'opinion proteste contre les indemnités qui furent versées aux princes allemands expropriés, Hitler prend le parti des princes.

Et, en même temps, il réorganise son Parti, en lui donnant une structure plus centralisée. Il décide que les chefs de province *(Gauleiter)* ne seront plus élus, mais désignés par lui ; et, au point le plus menacé, à Berlin, il nomme Gœbbels Gauleiter. Il réforme les S.A. qui, en 1927, atteignent à nouveau vingt mille hommes. A leurs côtés, pour se garantir contre toute surprise, il institue les S.S. Dès 1923, il avait constitué, sous le nom de « troupe de choc de Hitler » une phalange prétorienne à sa discrétion. C'est cette formation qui est l'origine des S.S. Elle passe en 1927 aux ordres de Himmler. Toutes sortes d'organisations annexes, telles que les Jeunesses hitlériennes, des ligues de juristes, d'instituteurs, d'étudiants national-socialistes, naissent aussi à cette époque. Gœring, d'autre part, revient d'exil ; il est élu au Reichstag en 1928 ; il fait profiter Hitler de ses bonnes relations avec les milieux industriels de Rhénanie.

Vers 1929, Hitler ne compte encore guère en Allemagne. Mais il a redonné à son Parti une solide structure. Et les événements soudain vont venir à sa rencontre.

III. — 1929-1933

La première menace hitlérienne avait été contemporaine de l'inflation. Sa retraite correspondait aux années de prospérité. Son retour coïncide avec la crise économique de 1929.

Dès 1927, cette crise s'est annoncée par l'écroulement des cours. Les faillites, dès lors, se multiplient. Le nombre des chômeurs augmente à une rapidité démentielle : un million cinq cent mille en 1929, six millions en 1932. Le 24 octobre 1929, se produit le grand krach boursier de New York. L'industrie allemande, tributaire des capitaux américains, en subit immédiatement le contre-coup. Les prêteurs sont obligés de récupérer leurs créances : l'économie allemande est brusquement menacée. La production tombe en 1932 à 50 %, et dans certains domaines à 30 % du niveau de 1929. L'encaisse-or de la Reichsbank passe, entre 1930 et 1931, de 2 216 à 984 millions de R.M. La démocratie allemande ne peut résister à une secousse d'une pareille ampleur.

1. Sous les gouvernements Bruning (1930-1932). — *Evolution du régime.* — Alors que les élections de 1928 avaient porté au Reichstag cent cinquante-trois social-démocrates, plus qu'il n'y en avait jamais eu au Parlement, les votes, à partir de 1929, enregistrent des succès extrémistes. En mai 1929, les nazis recueillent aux élections au Landtag de Saxe deux fois plus de voix que l'année précédente. En 1929, le Parti compte cent vingt mille membres, en 1930 deux cent dix mille. En janvier 1930, Frick devient ministre en Thuringe : c'est le premier national-socialiste au pouvoir.

La « grande coalition », qui allait des socialistes à gauche aux populistes à droite se disloque. Ces partis se sentent incapables d'enrayer la débâcle économique et craignent d'être débordés sur leurs ailes par communistes et nazis. Dès lors, c'est-à-dire dès la chute du cabinet Hermann Muller, en mars 1930, la République de Weimar est condamnée. Les gouvernements ne sont soutenus au Reichstag que par une minorité : le régime a cessé d'être parlementaire. Les trois gouvernements de Bruning, de Papen, de Schleicher, sont dits « présidentiels », parce qu'ils ne reposent plus que sur la confiance qu'accorde au chancelier le président Hindenburg. Le Reichstag est réuni de plus en plus rarement. Ce régime, qui ne pouvait s'appuyer que sur l'armée (elle-même minée par la propagande hitlérienne) était évidemment très instable. Le parlementarisme étant devenu impossible, il était presque inévitable que le mouvement le plus dynamique et le plus radical l'emporte sur les autres.

La Reichswehr, seul élément stable dans le pays, exerce dès ce moment une action étroite sur le gouvernement. Un haut fonctionnaire du ministère de la Guerre, le général von Schleicher, dont l'influence est grande sur le vieux président du Reich, fait désigner Bruning pour le pouvoir.

Hitler approche du pouvoir. — Hitler poursuit la politique prudente qu'il mène depuis 1925. C'est ainsi qu'en 1930, au cours d'un procès contre deux officiers inculpés d'avoir constitué dans l'armée des cellules national-socialistes, Hitler, cité comme témoin, proclame fortement qu'il réprouve l'action illégale et que la révolution qu'il prépare est seulement « spirituelle ».

Cette tactique est exploitée contre lui à l'intérieur de son Parti. Otto Strasser fait sécession, et fonde une association concurrente, le « Front Noir », qui doit être, dit-il, « l'école des officiers et des sous-officiers de la Révolution allemande ». Ce mouvement se réclame de principes religieux ; il se recrute dans les rangs des anciens combattants du Casque d'Acier. Otto Strasser parvient à provoquer des mutineries parmi les S.A. La première a lieu en 1930 ; Hitler, pour reprendre ses troupes en main, les place sous les ordres de Roehm, tout juste revenu de Bolivie, où il s'était un moment engagé.

La seconde révolte, dirigée par le capitaine Stennes, se produit le 1er avril 1931.

Mais, en contrepartie de ces difficultés intérieures Hitler a acquis la confiance de la droite « traditionnelle ». Depuis 1928, celle-ci est menée par Hugenberg, magnat de la presse et l'un des principaux actionnaires de la société de films U.F.A. Dès 1928, une sorte de triumvirat s'institue entre Hitler, Hugenberg et le chef du Casque d'Acier, Seldte. Hitler entre aussi en rapport avec Emil Kirdorf, le directeur du syndicat (patronal) des mines de la Ruhr.

Les élections du 14 septembre 1930 révèlent un progrès du national-socialisme, qui surprend ses dirigeants eux-mêmes : le Parti passe brusquement de douze à cent sept députés au Reichstag ; il recueille 18 % des voix, soit six millions cinq cent mille suffrages. Les effets de ce gigantesque succès ne se font pas attendre. Au cours de l'automne, Hitler confère avec von Schleicher : il s'engage à respecter la neutralité de la Reichswehr ; on lui accorde en échange la libre disposition de ses troupes de combat. Le 10 octobre 1931, Hitler et Gœring sont reçus par Hindenburg ; le président du Reich souhaite vainement que les nazis acceptent de participer au gouvernement Bruning. Le lendemain, 11 octobre, a lieu à Bad Harzburg une puissante manifestation qui réunit, avec leurs troupes, Hitler et Seldte, en même temps que Hugenberg, Class, de la ligue pangermaniste, le financier Schacht, le directeur du cartel de l'acier, le général von Seeckt, etc. La droite « classique » espère encore utiliser Hitler, mais garder la direction de la politique. La question désormais n'est plus de savoir si Hitler parviendra au pouvoir, mais s'il y parviendra seul.

La partie est presque gagnée pour Hitler. Mais il va commettre une erreur. Bruning lui propose, en janvier 1932, d'accepter pour deux ans, sans élections nouvelles, la prorogation du mandat présidentiel de Hindenburg. En échange, Bruning se retirerait et Hitler serait appelé à sa place. Hitler, sûr d'être élu président du Reich, refuse. L'élection présidentielle a lieu le 13 mars 1932. Hitler a déjà massé ses milices autour de Berlin, prêtes à s'emparer des ministères. Mais Hindenburg l'emporte ; au second tour, même des voix communistes se sont portées sur son nom.

Cet échec donne l'occasion au gouvernement de tenter contre Hitler une dernière action. Malgré les réticences de Hindenburg, le ministre de la Guerre obtient, le 13 avril 1932, l'interdiction des S.A. et des S.S., « dans l'intérêt de l'autorité de l'Etat ». Cette mesure est obtenue avec l'accord de l'armée. Parallèlement, Gregor Strasser tire parti de cet échec de son rival. Il entre en relations à cet effet avec le général von Schleicher et tente d'appuyer son action sur les milieux syndicalistes.

Mais cet échec de Hitler est vite compensé. Le 24 avril 1932, les élections au Landtag de Prusse, sont à nouveau pour ses troupes un immense succès. Les intrigues menées par Papen, Schleicher et Hugenberg obtiennent enfin, le 31 mai, la démission de Bruning. L'épilogue désormais ne pouvait plus tarder.

2. Les cabinets de Papen et de Schleicher (juin 1932-janvier 1933). — Les deux cabinets, dont l'existence éphémère marque la fin de la République allemande, tentent successivement, en face de Hitler, les deux seules politiques possibles : Papen essaie la conciliation, Schleicher déclare la guerre.

Le cabinet von Papen comptait sept aristocrates contre six membres des milieux bourgeois ; il ne trouvait aucun appui, ni au Parlement, ni dans le pays (le 12 septembre 1932, le gouvernement est mis en minorité par cinq cent treize voix contre trente-deux !). Dès la formation du cabinet, Hindenburg reçoit Hitler, Roehm et Hermann Gœring, maintenant président du Reichstag. Il les prie de cesser leur opposition au gouvernement. Les hitlériens posent leurs conditions : le Reichstag sera dissous et de nouvelles élections ordonnées, les sections d'assaut seront rétablies, l'usage des émissions de radio sera accordé au Parti. Von Papen accorde ces trois points. En outre, il suspend le gouvernement social-démocrate de Prusse. Et déjà, il envisage la création d'un service du travail.

Il est clair que ces concessions ne pouvaient qu'augmenter l'appétit des nazis. Les élections du 31 juillet 1932 leur apportent 37,2 % des voix. Ils exigent maintenant sans concessions le pouvoir pour eux seuls. La politique conciliante de Papen a donc été stérile. Une fois encore, le Reichstag est dissous. Cette fois, les nazis marquent un recul important : ils perdent deux millions de voix et trente-quatre mandats.

C'est cette conjoncture que Schleicher, qui devient chancelier le 2 décembre 1932, va tenter d'utiliser contre Hitler. Il essaie d'abord de diviser le Parti, en offrant un portefeuille à Gregor Strasser. Celui-ci va accepter, mais les menaces de Gœbbels le retiennent au dernier moment. Schleicher projette alors une action audacieuse : il veut interdire à la fois le

Parti hitlérien et le Parti communiste, suspendre *sine die* le Reichstag et instaurer un régime corporatif, inspiré du fascisme italien, une sorte de dictature militaire appuyée sur un syndicat unique. L'action est risquée : elle rompt avec la légalité ; elle envisage la lutte ouverte contre les troupes hitlériennes ; elle peut déclencher une guerre civile, dont l'issue est douteuse. Schleicher a pour lui la majorité de la Reichswehr, mais certains officiers, gagnés à la cause hitlérienne, comme le général von Blomberg, intriguent contre lui. Hindenburg, très soucieux de légalité, s'inquiète de cette aventure dans une Allemagne dont la structure sociale est délabrée. Papen enfin négocie secrètement contre Schleicher, qui l'a évincé du pouvoir et qu'il déteste ; il rencontre Hitler à Cologne chez le banquier von Schröder. Hitler juge opportun de relâcher provisoirement ses exigences et de partager quelque temps le pouvoir avec les « nationaux-allemands ».

Le 30 janvier, Hitler est chargé de former le gouvernement. L'opinion publique, en Allemagne et à l'étranger, s'inquiète assez peu de l'événement, pensant que les hitlériens s'useront vite au pouvoir. Dans ce gouvernement, il n'y a, en dehors de Hitler, que deux nazis : Frick à l'Intérieur, Gœring au ministère de l'Air. Ce n'est qu'un premier pas. Hitler va éliminer promptement ceux qui l'ont porté au pouvoir.

IV. — 1933-1934

1. Les premiers mois du régime. — A peine installé, Hitler agit avec une rapidité et une habileté rares. Il rassure ses alliés méfiants par des gestes spectaculaires. Mais, en même temps, il édifie sa dictature : les décrets essentiels sont tous pris dans les six premiers mois du pouvoir.

Tout d'abord Hitler, espérant, par de nouvelles élections, réunir pour son Parti la majorité absolue et se débarrasser ainsi de ses alliés encombrants, obtient de Hindenburg la dissolution du Reichstag, élu moins de trois mois auparavant. Sa campagne électorale est financée par une souscription de trois millions de marks obtenue des milieux industriels (Krupp, Schnitzler, Vögler) par l'entremise de Schacht. Après une campagne électorale faussée par la terreur qu'exercent déjà les S.A., les élections ont lieu le 5 mars 1933. Les espoirs de Hitler sont déçus : les hitlériens passent de 33 % des voix en novembre 1932 à 44 %, mais ils n'obtiennent pas la majorité absolue. Toutefois, la coalition gouvernementale dispose au Parlement de trois cent quarante et un sièges sur six cent quarante-sept.

Le 21 mars 1933, une séance solennelle réunit à Potsdam, devant le tombeau de Frédéric le Grand, Hindenburg et Hitler. Le chancelier proteste qu'il défendra la paix du monde et sera le continuateur de la tradition prussienne. Mais, le surlendemain, il fait voter par le Reichstag la loi des pleins pouvoirs, qui lui permet de légiférer sans l'accord de Hindenburg.

Le 1er mai 1933, la première grande Fête du Travail est organisée à Berlin. Hitler s'y pose en défenseur des ouvriers. Le lendemain, 2 mai, les syndicats sont dissous et leurs biens saisis.

Hitler signe le 20 juillet 1933 un Concordat avec le pape. Mais il entame au même instant la lutte contre les Eglises.

Le 17 mai 1933, Hitler proclame qu'il accepte le plan Macdonald de désarmement, qui tient encore l'Allemagne dans une position inférieure. Mais, le

19 octobre de la même année, il quitte la S.D.N. et reprend sa liberté d'action.

En décrétant, dès son arrivée au pouvoir, une nouvelle dissolution du Reichstag, Hitler avait promis, quelle que soit l'issue du vote, de ne pas modifier la composition de son gouvernement. Pourtant, vers le mois de septembre 1933, neuf des seize membres du ministère sont hitlériens. Parmi les nouveaux venus, Darré est ministre de l'Agriculture, Gœbbels, ministre de la Propagande, Roehm et Hess ministres sans portefeuille. Hugenberg, qui avait, plus que tout autre, contribué à porter Hitler au pouvoir, quitte le gouvernement au mois d'août 1933. Seldte, ministre du Travail, adhère au national-socialisme et décrète lui-même la dissolution du Casque d'Acier, dont il était président.

Dès les premiers jours, le gouvernement s'était attribué des pouvoirs de police étendus. Le 27 février 1933, juste avant les élections, éclate l'incendie du Reichstag. Il n'est plus douteux aujourd'hui que cet incendie ait été ordonné par les nazis. Il fut exploité pour affoler l'opinion et pour abattre les communistes, à qui l'on attribua un imaginaire complot. Le Parti communiste fut dissous au début de mars 1933 ; mais ce n'était qu'un commencement et, le 14 juillet 1933, le national-socialisme était proclamé Parti unique.

Les pleins pouvoirs furent accordés à Hitler le 23 mars 1933, à la majorité constitutionnelle des deux tiers du Reichstag ; le Centre catholique les vota, seuls les social-démocrates s'y opposèrent. L'exécutif et le législatif furent désormais réunis dans les mains de Hitler. Le Reichstag ne fut plus convoqué que de loin en loin, pour entériner des décisions prises. Le président du Reich n'eut plus qu'une autorité nominale. Les pouvoirs ayant été remis au Chancelier personnellement, même le Conseil des ministres n'eut plus guère de sens : Hitler décidait le plus souvent à l'insu de ses ministres. Jamais aucun dictateur ne posséda un pouvoir aussi absolu.

Entre janvier et mai 1933, Hitler réorganisa toute la structure du pays : il obligea les différents Etats de l'Allemagne à choisir des gouvernements « nationaux », puis il plaça à la tête de chacun d'eux un gouverneur (*Statthalter*) à sa discrétion. La Bavière qui avait fait un instant mine de résister, fut placée sous les ordres de l'énergique von Epp. Sous prétexte d' « arianisation », le corps des fonctionnaires fut passé au crible ; à partir de septembre 1933, les hauts fonctionnaires furent désignés par Rudolf Hess, « lieutenant du Führer ». La police, qui dépendait autrefois des Etats, fut centralisée en « police secrète d'Etat » (*Geheime Staatspolizei*, en abrégé *Gestapo*). Les S.A. reçurent également, dans les premiers mois du régime, des pouvoirs de police ; les premiers camps de concentration furent organisés.

La justice est réformée elle aussi dès le début. La mise au pas de l'Eglise protestante commence dès les premiers jours. Le 1er avril 1933 est déclenché le « boycott » contre les commerçants juifs. Le 2 mai, le Front du Travail, dirigé par Ley, se substitue aux anciens syndicats. Le 14 juillet 1933, une loi institue la stérilisation des individus tarés. Un « service volontaire du travail » est créé, en même temps que l'organisation des loisirs (K.D.F.) et que le service national-socialiste de bienfaisance (N.S.V.).

En quelques semaines, l'hitlérisme s'est installé en Allemagne.

2. **La crise de 1934.** — *La purge du 30 juin.* — Au début, on l'a vu, Hitler s'appuya ouvertement sur ses troupes de combat : les S.A. devinrent une police auxiliaire. Vers la fin de 1933, elle groupait environ un million d'hommes ; elle recevait une subvention mensuelle de 3 000 000 de marks. C'était une formation turbulente, mal contrôlée, dont les excès ensanglantèrent les premiers mois du régime. Au début, Hitler prit la défense de ses miliciens, faisant interrompre les poursuites engagées contre eux. Dès l'été 1933 cependant, Gœring, ministre de l'Intérieur de Prusse, dut retirer aux S.A. leurs pouvoirs de police dans la province qu'il administrait. Devant l'agitation des S.A. qui se résignaient mal à la stabilisation du régime et souhaitaient, comme ils disaient, une « deuxième révolution », Hitler déclara à deux reprises, le 1er et le 6 juillet 1933 que « la révolution était terminée ». Bientôt, il put craindre de devenir lui-même le prisonnier de sa garde prétorienne.

Roehm et ses troupes avaient, dans le Parti même, deux adversaires puissants : Gœring, étroitement lié aux milieux conservateurs, que les milices de Roehm inquiétaient ; Himmler, chef des S.S. et à ce titre subordonné de Roehm, dont il supportait impatiemment l'autorité. En dehors du Parti, les S.A. devaient redouter l'hostilité des conservateurs à la manière de von Papen et celle de l'armée régulière, évidemment opposée à ces concurrents anarchiques. Lorsqu'on dit que les S.A. exigeaient une sorte de révolution permanente, tandis que Hitler voulait stabiliser son régime, cela ne doit faire entendre aucune divergence de programme ou de doctrine. Les S.A. n'étaient ni plus « avancés » ni plus « socialisants » que Hitler. Ce n'était qu'une faction, jalouse de son indépendance, une milice qui voulait maintenir sous sa coupe le pouvoir civil.

Le conflit, latent depuis la fin de 1933, se précisa lorsque Roehm, ministre d'Etat, exigea, au printemps de 1934, l'intégration des S.A. dans l'armée. Le maréchal von Blomberg et le général von Reichenau protestèrent auprès du Führer qui, fin mars 1934, rappela sévèrement à l'ordre Roehm et ses lieutenants.

Ce n'était pas, dans le Reich, le seul élément d'opposition. Il y avait aussi des nazis, tels que Gregor Strasser, devenu simple militant sans fonction, et qui méditait sa revanche sur Hitler. Il y avait von Schleicher, depuis 1932 ennemi déclaré du Führer. Il y avait aussi von Papen, qui s'apercevait un peu tard que Hitler l'avait dupé et qui, le 17 juin 1934, tint à l'université de Marbourg des propos hostiles aux S.A. en particulier et au régime en général. Ces diverses oppositions avaient peu de lien entre elles : Schleicher méprisait Roehm, détestait Papen. Seuls les hasards de la tactique constituèrent, parmi ces oppositions disparates, deux groupes : d'un côté, Roehm et Strasser, de l'autre Papen et la Reichswehr.

Le 14 juin 1934, Hitler rencontre pour la première fois Mussolini à Stra, près de Venise. Le Duce le met en garde contre les excès de ses miliciens, qui menacent la stabilité de son régime et sont mal jugés à l'étranger. Lorsqu'il revient en Allemagne, c'est pour entendre le 17 juin les accusations de Papen à Marbourg. Le 29 juin, le service de renseignements de la Reichswehr et la police de Himmler font savoir à Hitler, en voyage en Rhénanie, qu'une réunion des chefs S.A. est prévue pour le 30 en Bavière, et qu'un putsch dirigé par Roehm est imminent. Ce putsch était très vraisemblablement imaginaire. Il semble que Gœring et Himmler aient attisé, au cours des jours précédents, la méfiance réciproque de l'armée et des S.A. pour contraindre Hitler à se débarrasser de Roehm.

Et Hitler, en effet, qui temporisait depuis des mois, décide d'agir : il part en avion pour la Bavière, où il fait exécuter sur-le-champ Roehm et ses adjoints. Au même moment, Gœring fait tuer à Berlin d'autres chefs S.A., en particulier Karl Ernst. Pour le public, on invoque l'homosexualité de ces meneurs S.A. : mais Hitler ne l'avait jamais ignorée, et ce n'est qu'un prétexte à la répression. A Berlin encore, et le même jour, périssent le général von Schleicher et sa femme, le général von Bredow, Gregor Strasser, etc.

Pris entre les deux groupes de l'opposition, Hitler avait choisi de ménager les milieux de l'armée et de la finance. Malgré tout, pour affirmer son indépendance, il fit assassiner aussi deux proches collaborateurs de von Papen, Edgar Jung et von Bose. Pour Papen lui-même, il se contenta de la menace, en le gardant à vue pendant deux jours dans son appartement. Un peu plus tard, Papen abandonna ses fonctions de vice-chancelier, et, malgré ce traitement injurieux, accepta l'ambassade de Vienne. Hitler profita également de l'occasion pour assouvir quelques vieilles rancunes : il fait assassiner, le 30 juin, quelques-uns de ses adversaires de 1923, en particulier von Kahr.

Le meurtre de von Schleicher suscita dans la Reichswehr des remous vite apaisés. Von Blomberg avait eu gain de cause : les S.A. étaient éliminés. Mais ce n'était que partie remise. Quelques années plus tard, les S.S., dont le 30 juin asseoit définitivement le pouvoir, essaieront, cette fois avec succès, de mettre la main sur l'armée.

Hitler avoua soixante-dix victimes. Il y en eut environ trois cents. Mais le Führer avait su, avec une grande adresse, asseoir son pouvoir. L'équipe qui triompha le 30 juin dirigea le régime jusqu'à la fin.

La mort de Hindenburg. — Le maréchal Hindenburg n'avait admis d'abord Hitler qu'à contrecœur. Mais le Führer avait su rapidement acquérir la confiance du vieux président. Après le bain de sang du 30 juin, Hindenburg envoya à Hitler un télégramme de félicitations. Seuls ont pu s'en étonner ceux qui oublient que les massacres du 30 juin furent une victoire de l'armée sur les S.A.

Peu après, la santé du maréchal déclina rapidement. Il mourut le 2 août 1934. Il laissait un testament, qu'on estima longtemps apocryphe, mais dont aujourd'hui l'authenticité n'est plus douteuse. Dans ce testament, il exprimait à Hitler sa confiance et sa reconnaissance. Dans un autre document, il recommandait au Führer de rétablir la monarchie dès que les circonstances le permettraient.

Hitler détruisit ce second document, mais il publia le premier. Dès la veille du décès de Hindenburg, le gouvernement, en vertu de ses pleins pouvoirs, avait modifié la constitution et confondu, en la personne d'Adolf Hitler, les fonctions de chancelier et de président du Reich. Un plébiscite sanctionna ces décisions le 19 août à une très forte majorité. Officiers et fonctionnaires durent prêter serment au Führer.

Le régime hitlérien était donc installé. Mais personne ne put penser un instant qu'une ère de tranquillité allait commencer. Le 20 juillet 1934, le chancelier d'Autriche Dollfuss fut assassiné. Grâce à l'énergie de Schuschnigg et à la fermeté de Mussolini, le régime autrichien ne fut pas transformé.

Hitler, devant l'échec, nia toute participation à l'événement. Cependant, à peine le national-socialisme installé, la longue série des attentats venait de commencer.

V. — Comment s'explique l'ascension de Hitler ?

Hitler n'était qu'un opposant au régime de Weimar, parmi beaucoup d'autres. Son humble origine, son manque de formation politique ne semblaient pas le destiner au pouvoir. Nous avons montré quelle suite de hasards favorisa sa carrière. Mais on a pu voir aussi de quelle adresse il fit preuve constamment. Parler d' « ascendant » ou de « fascination », c'est faire intervenir, dans le succès de Hitler, des éléments irrationnels ou miraculeux. Son talent d'orateur, qui n'est pas contestable, ne justifie pas non plus, lui seul, un si peu vraisemblable succès. Ce sont bien des qualités politiques qui le menèrent au pouvoir : un mélange de fanatisme et d'astuce, qui le rendit supérieur à Roehm, qui n'était que violent, à Papen, qui n'était que rusé. Hitler sait patienter pour tromper la vigilance de ses adversaires. Mais, quand il trouve l'occasion favorable, il agit avec une rapidité et une force, qui surprennent chacun. Derrière la frénésie et les crises de rage, dont il sait user comme d'une arme, il y a une réflexion réelle, qui pèse les chances et invente les moyens. Son instinct politique, dont il se vante comme d'un don providentiel, n'est pas imaginaire. Il le servira plus tard dans la conduite de la guerre et lui inspirera plus d'un succès.

Mais il est une autre question, plus importante. On voit bien pourquoi Hitler l'emporta sur d'autres chefs de bande. Mais comment un chef de bande a-t-il pu devenir le chancelier du Reich ? Les raisons sont nombreuses.

On a dit qu'en faisant alliance, contre les révolutionnaires de gauche, avec les éléments les plus réactionnaires d'Allemagne, les social-démocrates de 1918 ont scellé, dès les débuts de la République de Weimar, le futur destin du régime. Il se peut. Convenons cependant que leur rôle était difficile : ils devaient se défendre sur leur droite et sur leur gauche à la fois. Et pense-t-on que les Alliés, qui ne cherchaient alors qu'à endiguer le bolchevisme, auraient toléré une Allemagne communisante ? Il est vrai aussi que la révolution de 1918 laissa subsister dans l'administration, dans la justice, dans l'enseignement, des cadres hostiles au régime. On a noté qu'il y eut, de 1919 à 1922, trois cent soixante-seize crimes politiques en Allemagne : trois cent cinquante-quatre crimes de droite, dont un seul (l'assassinat de Rathenau) fut puni ; vingt-deux de gauche, dont dix-sept furent châtiés. Hitler, après le putsch de Munich, ne fut pas, quoique Autrichien, expulsé d'Allemagne ; il fut amnistié après un an de captivité. Son succès ne s'expliquerait pas, s'il n'avait été servi par des complicités, occultes ou avouées, dans l'administration. Il est vrai que l'occupation de la Ruhr fut une erreur : elle n'apporta rien à la France, qui ne reçut jamais qu'une faible partie des dommages de guerre ; elle irrita inutilement le nationalisme allemand ; elle précipita l'inflation, dont les conséquences furent désastreuses.

Cependant aucune de ces causes ne fut décisive. Hitler échoua en 1923. Pendant six années, l'Allemagne fonctionna comme une démocratie ; elle s'intégra dans la vie internationale. Les erreurs de l'immédiate après-guerre pouvaient sembler neutralisées. Les causes qu'on a citées ci-dessus expliquent seulement pourquoi, devant l'épreuve, les mécontents se tournèrent vers la droite et non vers la gauche, pourquoi l'Allemagne devint hitlérienne et non pas communiste.

L'épreuve qui décida du succès de Hitler fut la crise économique de 1929. Certes, l'Allemagne ne fut pas seule frappée, et cette crise fut universelle. Mais l'Allemagne fut frappée plus durement, parce que son économie n'était pas encore pleinement restaurée, quand la crise éclata. Il y eut partout des chômeurs ; mais nulle part autant qu'en Allemagne. Les accords Dawes et Young, puis le moratoire Hoover de 1931, qui dispensa l'Allemagne pour un an du paiement de ses dettes, ne purent enrayer la débâcle économique. D'ailleurs, les réparations de guerre n'étaient pas l'élément le plus important. Le plus grave était sans doute le manque de débouchés : l'Allemagne exportait moins que les autres pays ; la crise réduisit au minimum le marché intérieur.

Le mécontentement et l'inquiétude portèrent l'Allemagne vers les partis extrêmes et les solutions de désespoir. Il faut noter, cependant, que la poussée vers la droite, qui est indéniable, fut loin d'être le raz de marée que l'on décrit parfois. Si l'on compare les différents scrutins de la République de Weimar, on constate, jusqu'à la fin, la stabilité de la social-démocratie et du Centre catholique. Les socialistes avaient eu à leur apogée, en 1928, cent cinquante-trois sièges ; ils en ont encore cent trente-trois aux élections de 1932 et cent dix-neuf aux élections de 1933 organisées par Hitler. Encore ces pertes sont-elles compensées par une progression des communistes, qui passent de cinquante-cinq à quatre-vingt-neuf sièges. Le Parti du centre compte, avec les populistes bavarois, quatre-vingt-sept mandats en 1924, quatre-vingt-six en 1930, quatre-vingt-seize en 1932, quatre-vingt-douze en 1933. Que s'est-il donc passé ? Le national-socialisme a absorbé tous les partis de la droite ; les modérés se sont peu à peu fanatisés ; populistes et démocrates ont disparu. On oppose souvent aujourd'hui les vieux conservateurs allemands aux hitlériens. Pourtant, ce sont ces conservateurs, ces milieux de la finance, de l'industrie, de l'armée, qui ont d'abord soutenu Hitler de leurs deniers, puis se sont rangés sous ses ordres. Il est vrai que c'est dans ces milieux que se recruteront plus tard les mouvements de résistance au national-socialisme : ils tenteront — trop tard — d'enrayer les effets d'une dictature qui ne doit qu'à eux seuls d'avoir pu exister.

Chapitre II

LE PROGRAMME

I. — Valeur du programme national-socialiste

Le national-socialisme ne put grouper ses adhérents innombrables qu'autour de certaines promesses, autour d'un programme. Il serait faux, cependant, d'attribuer à ce programme trop d'importance.

L'hitlérisme n'est pas une doctrine : c'est un mouvement. Il ne demande à l'idéologie que quelques « slogans » pour orienter sa propagande. Pour l'essentiel, son action est inspirée par la conjoncture de chaque moment : cette politique, qu'on a pu croire systématique, fut, en réalité, constamment opportuniste.

Le seul point intangible, le seul dogme, fut le racisme. Ce racisme appuie et justifie la politique nationaliste, les projets impérialistes du mouvement. Il est très vraisemblable que le racisme fut, pour la plupart des chefs hitlériens, une conviction et non point un simple procédé de gouvernement. Cette croyance, indémontrable et déraisonnable, eut pour eux la valeur d'un article de foi. C'est cette conviction passionnée qui donne à l'hitlérisme, parmi tous les césarismes et toutes les dictatures de l'histoire, une place à part. Elle situe Hitler plus près de Cromwell que de Mussolini. On ne peut, psychologiquement, expliquer le fanatisme et les outrances de l'hitlérisme que si l'on admet, au point de départ, une conviction élémentaire, inébranlable. Un homme comme Hitler, quelles que soient ses ruses, n'est pas seulement un condottiere ambitieux : c'est un possédé. Ses mensonges même n'ont pu si longtemps tromper ses adversaires que parce qu'il vivait, comme un mime, et presque jusqu'à la sincérité, les rôles qu'il choisissait de jouer. Sa ruse n'est pas celle du diplomate, c'est l'astuce intuitive du fanatique, qui trouve à chaque moment le point où attaquer, et que rien ne peut retenir dans son action.

Mais il n'existe rien, dans l'hitlérisme, en dehors de cette foi nationaliste. Les principes politiques, sociaux, économiques, qui figurent dans son programme, ne sont que des moyens pour servir cette fin. Ils furent, selon les besoins, modifiés ou contredits. Le racisme inspire une politique de puissance. Son seul objet est de mettre en action les vertus de la race germanique. Il n'a pas d'autre objectif ; il aboutit au mouvement pour le mouvement. Le programme était rédigé en termes si imprécis qu'il était impossible qu'il fût jamais satisfait. Un des caractères du national-socialisme est d'être insatiable : son seul but étant l'expansion, il ne pouvait vivre que dans le mouvement et se serait suscité sans fin de nouveaux adversaires. La violence finit par trouver sa justification en elle-même. C'est ce que Hermann Rauschning, d'abord président national-socialiste du Sénat de Dantzig, puis adversaire irréconciliable de Hitler, a bien nommé « Révolution du Nihilisme ».

II. — Les vingt-cinq articles

Le programme du Parti fut proposé pour la première fois le 25 février 1920 au Hofbräuhaus de Munich. Il comporte vingt-cinq articles, inspirés de la pensée de Gottfried Feder. Hitler reprit ensuite ce programme dans *Mein Kampf*, en portant l'accent sur les problèmes de tactique. Le programme fut édité en 1927, assorti de commentaires de Feder et augmenté peu à peu, au cours de ses cent quatre-vingt-une éditions, de points de vue nouveaux, qui concernent surtout les problèmes agraires.

De 1920 à 1930, par additions successives, le programme a peu à peu changé d'aspect. En 1920, à peine calmées les fièvres de la révolution, il est socialisant. Quand Hitler écrit *Mein Kampf*, après l'occupation de la Ruhr, les problèmes d'expansion et d'impérialisme ont pris le pas sur tous les autres. A partir de 1927, le « socialisme » du programme s'atténue toujours davantage.

Cette évolution apparaîtra mieux en examinant le détail des articles qui peuvent être rangés sous cinq rubriques :

1. **Racisme.** — Seul doit être considéré comme citoyen allemand celui qui est de sang allemand. Les Juifs seront soumis à la législation des étrangers. Ils ne pourront occuper aucun emploi public ; ils ne pourront posséder la terre. Le programme précise que les « non-Allemands » entrés en Allemagne depuis le 2 août 1914 seront contraints à quitter le Reich. Les autres seront admis à rester, dans la mesure toutefois où ils ne constitueront pas une gêne pour l'alimentation du Reich. Le programme se garde de parler d'une extermination systématique des

Juifs. Dans une glose ultérieure, Gottfried Feder envisage une « hygiène raciale », une sélection biologique, dont l'objectif doit être, selon son langage, la « nordisation » du pays.

2. **Politique extérieure.** — C'est la préoccupation essentielle. Les traités de Versailles et de Saint-Germain doivent être dénoncés et l'Allemagne traitée sur un pied d'égalité avec les autres nations. « Tous les Allemands », doivent être, en vertu du droit des peuples à disposer d'eux-mêmes, réunis en une « Grande Allemagne ». En 1920, au moment où venaient de se poser de façon brûlante les questions de l'Anschluss autrichien et de la Haute-Silésie, on pouvait encore interpréter cette revendication dans des limites assez étroites. Mais le commentaire de G. Feder en 1927 est plus explicite : il s'agit de grouper dans les mêmes frontières tous les peuples de « souche » germanique : les minorités ethniques du Danemark (Schleswig), de la Pologne (Posnanie, Haute-Silésie), de la Tchécoslovaquie (Sudètes), de l'Italie (Tyrol méridional), de la France (Alsace-Lorraine). Feder précise que le rattachement de ces peuples doit s'opérer sans violence (donc par le moyen de plébiscites) ; en attendant, l'Allemagne doit exiger que ces minorités cessent d'être opprimées. En outre, elle doit protéger, dans le monde entier, les intérêts des Allemands émigrés. Ces positions théoriques sont cependant, dès l'origine, limitées par des considérations d'opportunisme. C'est ainsi que Hitler, dans *Mein Kampf* déjà, fait abandon à l'Italie des Allemands du Tyrol : il professe alors pour Mussolini l'admiration la plus vive, et, en même temps, il n'est pas mécontent de faire pièce aux Autrichiens, envers qui il nourrit beaucoup de rancune.

En 1920, au moment où l'Allemagne venait d'être privée par le traité de Versailles de son empire colonial, le programme national-socialiste exige l'acquisition de colonies d'exploitation et de peuplement. Mais, en 1925, Hitler, soucieux de ménager l'Angleterre, renonce à ces revendications. C'est en Europe même que l'Allemagne doit s'étendre, vers les terres riches de Pologne et d'Ukraine. « Il faut créer peu à peu des « colonies marginales » *(Randkolonien)*, « dont les habitants doivent exclusivement appartenir à la race la plus pure ». La notion d' « espace vital » est un des thèmes essentiels de *Mein Kampf*. « La politique extérieure doit assurer l'existence d'une race, constituée en Etat, en établissant entre l'importance numérique du peuple et l'étendue et la qualité du territoire qu'il occupe, un équilibre sain, viable et naturel. »

A côté de ce principe général, *Mein Kampf* ébauche aussi les grandes lignes d'une tactique. Mais rien ne serait plus faux que d'imaginer, dans la politique étrangère que suivra Hitler au pouvoir, la réalisation d'un plan préconçu. Cette politique naît au jour le jour et se développe selon les lignes de moindre résistance qui apparaissent en Europe. La tactique dessinée dans *Mein Kampf* en 1925-1926 n'y répond que de très loin. Elle est inspirée par la conjoncture politique de 1925. Le fascisme vient de s'affirmer en Italie et Hitler projette de s'appuyer sur ce régime qu'alors il surestime. D'autre part, contre la France, Hitler ne trouve pas de meilleur allié que son traditionnel adversaire, l'Angleterre. Aussi envisage-t-il une nouvelle Triplice, une chimérique entente entre l'Angleterre, l'Italie et l'Allemagne, l'Allemagne progressant vers l'Est, l'Italie dominant la Méditerranée, et l'Angleterre contrôlant le reste du monde par son Empire. Ce n'est qu'une vue de l'esprit ; Hitler refait la carte du monde en stratège dilettante. Les dernières pages de *Mein Kampf* démontrent l'absurdité d'une alliance germano-russe contre l'Occident. Hitler, dans ses plans, néglige la puissance des Etats-Unis, qu'il méprise comme trop enjuivés. Seul vaut le principe d'une expansion territoriale ; le reste n'est qu'une construction précaire, qui ne compte pas.

3. **Politique économique et sociale.** — Le programme de 1920 définit le travail comme le devoir de chaque citoyen. Il n'envisage cependant pas encore de service obligatoire du travail : cette idée ne naîtra que plus tard, pour remédier à l'oisiveté des chômeurs et développer un esprit communautaire.

Reprenant la formule principale de G. Feder, le programme de 1920 prétend ensuite affranchir l'Allemagne de la « tyrannie de l'intérêt ». L'économie doit abandonner la notion de « rentabilité » ; son seul objet doit être de subvenir aux « besoins » du pays. Cette formule serait absurde, si elle ne définissait une économie planifiée et étatisée : tant que la propriété reste libre, les investissements ne se produisent que s'ils sont rentables ; seul l'Etat peut décider de travailler à perte dans certains secteurs, qui lui semblent importants. Le programme de 1920, en effet, est d'allure socialisante et prévoit d'importantes limitations à la propriété privée : étatisation des trusts (§ 13), participation des ouvriers aux bénéfices dans les grandes entreprises (§ 14), réforme agraire qui comporte l'expropriation sans indemnité (§ 17).

Mais ces articles ne tardent pas à perdre de leur netteté. G. Feder lui-même précise que « le national-socialisme reconnaît comme un de ses principes la propriété privée et la place sous la protection de l'Etat ». Chaque Allemand peut disposer librement du produit de son travail.

La lutte contre la « tyrannie de l'intérêt » semblait supposer une réforme profonde du crédit et l'étatisation des grandes banques ; en 1927, Feder n'envisage plus que la nationalisation des banques d'émission.

Les trusts devaient d'abord tous disparaître. Bientôt, Feder rend hommage aux « grands créateurs de l'industrie allemande », citant nommément les maîtres de forges (Krupp, Thyssen), Kirdorf (du syndicat des mines de la Ruhr), les grands fabricants de matériel électrique (Bosch, Siemens), etc. Seules doivent désormais être nationalisées les sociétés par actions ou à responsabilité limitée, entreprises déjà « anonymes » et « sans personnalité ». Il est évident que cette distinction n'a aucun sens : elle trahit seulement la volonté d'atténuer le programme primitif.

La participation aux bénéfices, explique maintenant Feder, n'est qu'une duperie : elle devrait supposer, en bonne justice, la participation aux pertes, qu'aucun travailleur ne voudrait envisager. En fait, la meilleure participation aux bénéfices est l'abaissement des prix de vente, qui élève le pouvoir d'achat.

L'évolution la plus caractéristique concerne la politique agraire. Le programme de 1920 menaçait implicitement la grande propriété d'Allemagne de l'Est. Dans une note de 1928, Hitler réduit la portée de l'article 17, jusqu'à lui faire perdre tout son sens : « Comme le N.S.D.A.P. repose sur le principe de la propriété privée, il est évident que l'expropriation sans indemnité ne s'applique qu'aux biens fonciers acquis de manière illégitime..., donc en première ligne aux sociétés juives de spéculation foncière. » Le Parti précise encore officiellement, le 6 mars 1930, qu' « aucune réglementation schématique ne peut être appliquée à l'étendue des entreprises agricoles. Le grand nombre des petites et moyennes propriétés est important du point de vue de la politique de population. Mais la grande entreprise a aussi un rôle essentiel à jouer ; son existence est justifiée, dans une proportion convenable, à côté des petites et moyennes entreprises ». G. Feder précise que les grandes propriétés du Nord et de l'Est sont d'une exploitation plus rationnelle et n'envisage l'existence des petits lotissements qu'aux environs des agglomérations.

Les projets économiques du national-socialisme évoluent donc rapidement selon les exigences de l'opportunité politique. L'atténuation du caractère socialisant du programme correspond au rapprochement qui s'effectue, vers 1926-1927, entre Hitler et les milieux industriels et financiers. A l'origine, le national-socialisme est un mouvement de petits bourgeois : sur les seize victimes de la fusillade de Munich, en 1923, il y a trois employés de banque, cinq commerçants, un garçon de café, un domestique, un serrurier, un étudiant, un officier ; trois sont aristocrates. Le programme de 1920 porte l'accent sur la défense de la classe moyenne : les grands magasins, d'abord mis à la disposition des municipalités, doivent être affermés ensuite à bon compte à de petits exploitants ; l'Etat et les communes doivent tenir compte, dans leurs adjudications, des intérêts des petites entreprises (§ 16). Gottfried Feder veut, en face du capitalisme et du marxisme garantir « le plus grand nombre d'existences libres et indépendantes... ; cent mille cordonniers indépendants valent mieux, du point de vue économique et politique, que cinq gigantesques fabriques de chaussures ». Mais, selon une évolution inévitable, le national-socialisme va contribuer à détruire cette classe moyenne menacée, dont il était à l'origine l'expression et dont il voulait d'abord garantir les intérêts. Sans les industriels et les grands agrariens, Hitler ne serait pas parvenu au pouvoir. Son programme cesse bientôt de favoriser les moyennes entreprises contre les trusts, les petits paysans contre les grands propriétaires. Dans *Mein Kampf*, la bourgeoisie est rendue responsable de la disparition de l'esprit national : « J'ai pris conscience », écrit Hitler, « que la bourgeoisie allemande est au terme de sa mission et qu'on ne peut attendre d'elle aucune tâche nouvelle ».

Les problèmes sociaux tenaient une place importante dans le programme de 1920. Bientôt, Gottfried Feder pense que toute la question sociale doit être résolue par le § 15, qui prévoit l'assistance aux vieillards.

4. **Réforme du droit, de l'éducation, etc.** — Cette partie du programme (§§ 19 à 24) s'en tient à des vues générales. Ainsi, la seule réforme prévue pour la presse est l'interdiction pour les Juifs de collaborer aux journaux allemands. Au droit romain (c'est-à-dire au code Napoléon) doit être substitué un droit allemand, moins esclave du matérialisme.

L'Etat doit se soucier de la santé publique et astreindre la jeunesse à la gymnastique et aux sports. L'école doit, selon le programme, préparer avant tout à la vie pratique ; elle doit, en outre, dès le début, comporter des leçons d'éducation civique. Hitler reprend plus longuement dans *Mein Kampf* les problèmes de l'enseignement. Lui aussi porte l'accent sur l'éducation physique et la formation du caractère. « Du point de vue de la race », écrit-il, « l'éducation trouve son couronnement dans le service militaire ». Il faut débarrasser l'enseignement de tout un fatras de connaissances inutiles et tout de suite oubliées : « Par exemple, on ne comprend pas pourquoi des millions de gens étudient jusqu'à deux et trois langues étrangères, qu'ils n'utiliseront ensuite que fort peu. » « L'Etat raciste ramènera l'enseignement général des sciences à une forme abrégée, qui ne retiendra que l'essentiel. » Le temps gagné servira à la formation technique et à l'éducation du caractère. A la page suivante cependant, Hitler redoute qu'un programme d'enseignement trop technique ne serve les tendances matérialistes de notre temps ; aussi s'affirme-t-il résolu à défendre la « culture générale » et « l'idéal hellénique » contre une spécialisation technique « au service de Mammon ». La plus grande incohérence règne donc dans ces projets scolaires. Mais, là encore, on voit Hitler renouer peu à peu avec la tradition et abandonner l'aspect « matérialiste » de son premier programme.

Le § 24 du programme de 1920 proclame la liberté de religion « dans la mesure où les confessions ne vont pas à l'encontre du sentiment moral de la race germanique ». Toutefois, le Parti « défend le point de vue d'un christianisme positif ». Le programme ne dit pas ce qu'il faut entendre par ce mot « positif », qui se prête à toutes les interprétations.

5. **Forme de l'Etat.** — L'Allemagne doit posséder un pouvoir central fort. Dans son commentaire de 1927, au temps de l'alliance avec les nationaux-allemands, G. Feder précise qu'il sera décidé plus tard si l'Etat sera monarchique ou républicain.

Le programme de 1920 prévoit un Parlement central. Mais il proclame, par ailleurs (§ 6) qu'il faut renoncer au régime parlementaire des partis. Cette contradiction est résolue dans *Mein Kampf* : les Parlements sont des organes consultatifs, « qui ne doivent jamais procéder à un scrutin » *(sic)*. « Ce sont des organismes de travail, et non des machines à voter. » Hitler prévoit deux sortes de chambres : une chambre politique et une chambre corporative et professionnelle. La collaboration des deux sera assurée par un Sénat, qui coiffera les deux Assemblées. Mais, à tous les niveaux, la responsabilité est assumée par un seul homme, et l'Etat est constitué par une stricte hiérarchie. C'est le *Führerprinzip*.

En 1920, le programme prévoit un Etat fédératif,

avec un Parlement dans chacun des Etats du Reich, G. Feder ne réserve au pouvoir central que la diplomatie, les douanes, l'armée et la marine (il ne dit rien des monnaies ni des finances). Hitler, dans *Mein Kampf*, parle un langage plus confus : d'un côté, il entend défendre l'autonomie des Etats ; mais, d'autre part, il affirme qu'une révolution irrésistible mène à « l'élimination progressive de tous les droits de souveraineté des Etats fédéraux, pour étouffer en eux les foyers de résistance ». « L'importance des Etats cessera de se situer dans l'avenir sur le plan politique ; je la vois plutôt dans le domaine de la culture et des traditions régionales. » Au fédéralisme tend à se substituer un régionalisme conservateur.

Chapitre III

ANCÊTRES ET VOISINS

I. — Le national-socialisme et l'histoire allemande

Il est bien évident que le national-socialisme n'est pas un simple accident dans l'évolution de l'Allemagne. Sa politique de conquêtes prolonge et réalise les projets du pangermanisme à la fin du XIXe siècle. Et ce n'est pas Hitler qui fut, dans son pays, l'inventeur du racisme.

L'historien est donc en droit de rechercher la tradition intellectuelle dont l'hitlérisme peut se réclamer. Mais il faut, dans cette recherche, procéder avec beaucoup de prudence. La tentation est grande de découvrir, en tout penseur, un allié clandestin du nazisme et dans toute idée des « périls » cachés, que le progrès de l'histoire démasque peu à peu et qui paraissent enfin au grand jour avec Hitler. Cette suspicion systématique amène à représenter le nazisme comme l'aboutissement nécessaire de toute l'évolution spirituelle de l'Allemagne. Et cette vue est aussi partiale et fausse que la vue opposée, qui fait de l'hitlérisme une parenthèse dans l'histoire allemande.

Avant de commencer cette enquête, il faut donc préciser notre pensée. Si une dictature de type analogue au national-socialisme s'était d'aventure installée en France, on aurait pu, sans beaucoup de peine, lui trouver de la même manière une ascendance spirituelle dans le nationalisme de Barrès ou de Maurras, le racisme de Gobineau, l'antisémitisme de Drumont, sinon de Proud'hon, la doctrine de la violence de Georges Sorel. D'ailleurs, Gobineau et Sorel ont fourni plus d'un argument aux théoriciens du national-socialisme, qui ont emprunté, d'autre part, les principales thèses de leur racisme à un autre étranger, Houston Stewart Chamberlain. Inversement, il existe en Allemagne, à côté de la lignée nationaliste et des noms qui vont être cités, une autre tradition, libérale et cosmopolite.

D'autre part, parmi les « ancêtres » du nazisme, nous allons nommer des penseurs de tous les horizons. Leur doctrine est loin d'être homogène. A l'intérieur de ce qu'on nomme — assez mal — la politique romantique, on confond des libéraux tels que Fichte et des hobereaux conservateurs, comme Arnim ou Kleist. Hegel édifie une doctrine de l'Etat, alors que pour Nietzsche ou Wagner, l'Etat est le monstre qui étouffe toute pensée libre. Hegel encore professe la plus vive admiration pour Napoléon, que Fichte ou Kleist abominent. Treitschke est le porte-parole de la politique bismarckienne, tandis que Paul de Lagarde est son adversaire déclaré. Par conséquent, l'historien qui recherche les « origines » intellectuelles du nazisme, doit réunir, assez artificiellement, des « idées », qu'il emprunte çà et là aux penseurs les plus divers et qu'il détache du contexte dans lequel elles furent pensées. On ne peut imaginer, par exemple, une personnalité plus éloignée de tout césarisme que Fichte, patriote idéaliste, qui supporte impatiemment l'occupation française et la dictature napoléonienne. Mais c'est un fait aussi que les idées, une fois lancées, suivent un destin qui leur est propre et n'appartiennent plus à leur inventeur. Les « idées » de Fichte, pour poursuivre cet exemple, servent bientôt d'argument au nationalisme le plus étroit ; et, pour l'historien, qui suit leur carrière, elles prennent, rétrospectivement, un sens que Fichte, sans doute, leur eût dénié.

Ces réserves faites, il semble cependant que le nationalisme, qui caractérise toute l'Europe du XIXe siècle, ait eu en Allemagne une extension et une virulence plus grandes qu'ailleurs et qu'il y ait pris une forme plus systématique. Pourquoi en fut-il ainsi ? Sans doute, parce que l'Allemagne placée au centre de l'Europe, toujours largement ouverte aux influences et même aux invasions étrangères, a senti, plus qu'un autre pays, le besoin de se définir et de se justifier. Et surtout le nationalisme s'est, vraisemblablement par compensation, développé avec plus de violence dans un pays longtemps divisé, et que sa mauvaise organisation plaçait en retard par rapport à ses voisins. Les penseurs nationalistes du XIXe siècle, tels que Fichte ou Wagner, se posent le problème : « Qu'est-ce qu'un Allemand ? », question qui paraît absurde dans un pays depuis longtemps unifié, comme la France ou l'Angleterre. Le découpage de l'Allemagne en de très nombreux Etats favorise, au XVIIIe siècle, la liberté de penser ; mais il est fatal au développement de la puissance. Les idées libérales et socialistes se développent en Allemagne d'abord avec plus de lenteur qu'ailleurs, parce qu'elles n'y correspondent pas à la structure économique et sociale. Quand se produit enfin, dans la deuxième moitié du XIXe siècle, l'essor économique, accompagné d'un rapide accroissement de la population, le nationalisme allemand, qui cherchait jusqu'alors le repliement et l'unité plutôt que l'expansion, prend une forme impérialiste et conquérante. L'Allemagne était restée longtemps somnolente ; c'est ce retard qui provoquait alors cette dangereuse explosion d'énergie.

II. — Les ancêtres

1. Nationalisme. — *Le pangermanisme.* — En Allemagne comme ailleurs, c'est vers la fin du XVIIIe siècle que l'on commence à porter l'accent sur l'individualité de chaque nation et à célébrer les vertus nationales. Mais les guerres napoléoniennes précipitent cette évolution.

Les *Discours à la Nation allemande*, que Fichte prononce en 1807-1808, sont le premier manifeste du nationalisme allemand. Sans doute Fichte reste-t-il encore fidèle, pour une part, à l'idéal cosmopolite du XVIIIe siècle : il avait attendu de la France révolutionnaire qu'elle répande dans l'Europe entière les idées de progrès, et Napoléon l'a déçu. C'est l'Allemagne désormais qui devra être le pionnier de l'humanité, puisque la France n'a pas su l'être. La France, en effet, est corrompue par la civilisation, par l'excès de la logique et des conventions sociales ; l'Allemagne, au contraire, a gardé à l'état pur les vertus primitives ; c'est le « peuple originel » *(Urvolk).*

Fichte appuie étrangement cette conviction par des arguments empruntés à la philologie : les Français parlent une langue dérivée du latin, une « langue morte et incompréhensible », faite pour farder la vérité ; les Allemands une langue jeune et qui ne fut jamais coupée de ses origines. Ce sont encore des arguments linguistiques, quoique moins fantaisistes, qui inspirent en 1848 à Jakob Grimm, le grand grammairien, la conviction qu'il faut réunir tous les peuples de langue allemande, ceux d'Alsace, de Suisse, de Belgique, de Hollande, et que le tracé des frontières ne peut être irrévocable. Fichte déjà substitue à la notion française de frontière naturelle l'idée d'une frontière linguistique, et, dans un écrit de 1800, préconise des transferts de populations.

Arndt, Gœrres (pour qui les Français sont l'ennemi héréditaire) défendent les mêmes idées. Arndt le fait avec une hargne populaire, prêchant, au temps des guerres de libération de 1813, la haine des Français, « qui ravagent notre énergie, énervent notre vertu, et notre puissance ». Il donne en titre à l'un de ses pamphlets : « La Rhin, fleuve allemand et non frontière de l'Allemagne. » Il faut qu'un peuple se ferme à toute influence du dehors et qu'il s'enracine sur sa terre natale. Il n'y a d'autre vérité que nationale ; le rôle du savant n'est pas de diffuser un savoir objectif, mais d'entraîner les masses : « Il ne doit transmettre qu'*une* vérité, *un* état d'âme, *une* vertu. » A côté de Fichte et de E. M. Arndt, un esprit bien plus grossier qu'eux, s'est rendu fameux par ses entreprises pratiques plus que par ses théories : c'est celui qu'on nomma « le père Jahn », l'organisateur des sociétés de gymnastique et des groupements d'étudiants *(Burschenschaften)*. Il voulut être l'éducateur d'une Allemagne unifiée, à l'abri de la corruption étrangère, où la littérature, dirigée par une stricte censure et purifiée par la flamme des bûchers, ne diffuserait que des thèmes nationaux.

Ces penseurs sont de tendance libérale. La Burschenschaft et les adeptes de Jahn sont les victimes de la Sainte-Alliance conservatrice. Quand s'ouvre en 1848, à Francfort, le Parlement allemand, qui tente de réaliser les rêves d'unité et d'affranchissement des libéraux, son premier geste est d'adresser un message au vieux Arndt. Le socialiste Lassalle professe encore vers 1860 la plus vive admiration pour les *Discours* de Fichte. On ne peut s'étonner de voir ces libéraux placer leurs espoirs dans l'armée prussienne, car la Prusse réformatrice de 1813 défend alors, en face de l'Autriche, catholique et conservatrice, les idées « avancées ».

Mais l'idéologie nationaliste ne tarde pas à étouffer les aspirations libérales. Déjà, dans un Congrès de 1846, Grimm propose de soutenir les Allemands de l'étranger, et de considérer leurs établissements comme l'amorce de futures colonies. Quand il s'avère que la Prusse bismarckienne réalisera l'unité allemande, les libéraux cessent de s'opposer à l'autocratie de Berlin. Même Lassalle entretient avec Bismarck les relations les plus cordiales.

Les grands historiens, et surtout Treitschke, sont de dociles propagandistes : « L'horizon de la politique allemande », écrit celui-ci, « devient plus libre et plus ample d'année en année ; le jour où le pays aura compris que les intérêts vitaux de l'Etat allemand s'étendent déjà dans le domaine des pays slaves, scandinaves et latins, nous serons engagés dans la plus grande révolution de ce siècle ». L'impérialisme s'est substitué au nationalisme rigoureux du début, qui prétendait seulement regrouper les Allemands. Au lieu des hautes ambitions spirituelles de Fichte, Treitschke écrit maintenant : « Un dragon qui donne un coup de crosse sur la tête d'un Croate, fait beaucoup plus pour la cause allemande que le meilleur écrivain politique pourra jamais faire avec sa plume. » Et encore : « Le péché de faiblesse en politique est péché contre l'esprit. »

Après 1890, sous le règne de Guillaume II, le pangermanisme s'érige en doctrine officielle. C'est le temps où naissent la Ligue navale, la Ligue coloniale (qui compte six cent mille membres) et surtout la Ligue pangermaniste, parmi les fondateurs de laquelle on retrouve le nom d'Alfred Hugenberg. Le journal de cette dernière ligue publie en 1899 une carte de l'Europe en 1950, où l'Allemagne enferme dans ses frontières l'Alsace-Lorraine, Dunkerque, les Flandres, les Pays-Bas, le sud du Danemark, la Suisse allemande, l'Italie du Nord-Est, avec Trieste, la Hongrie, la Bohême, la Slovaquie, la plus grande partie de la Lithuanie et de la Pologne. On pourrait multiplier sans fin les citations des nationalistes d'alors. On est bien loin de l'idéalisme romantique, mais, sur ce point, tout près déjà de Hitler.

Droit et religion germaniques. — L'idéologie de repliement national se manifeste, presque dès le début du nationalisme allemand, dans le domaine du droit et de la religion. Aux codes importés de Rome, puis de France, doit être substitué un droit qui réponde plus authentiquement aux coutumes et à l'esprit allemands. Cette idée, latente chez Arndt ou Jahn, est formulée nettement chez les juristes de l'époque romantique. Elle réapparaîtra un demi-siècle plus tard chez H. S. Chamberlain. Mais la plus douloureuse intrusion de l'esprit étranger s'est produite, juge-t-on, dans le domaine religieux. Trop longtemps, l'Allemagne resta soumise au catholicisme romain, qui ne lui convenait pas. La Réforme luthérienne marqua son premier affranchissement. En face des catholiques conservateurs, la plupart des nationalistes libéraux sont de confession protestante. Mais le luthéranisme ne tarde pas à être lui-même mis en question. Fichte, déjà, reproche à Luther d'avoir fait trop de place à saint Paul qui « judaïsa » le christianisme. Arndt, plus audacieux, accuse le christianisme lui-même d'avoir détourné l'Occident de sa vocation.

Les deux courants se continuent à travers le XIXe siècle. Les uns, après Fichte, veulent instaurer un « christianisme allemand » ; le défenseur le plus représentatif de cette tendance est l'orientaliste Paul de Lagarde (1827-1891), soucieux d'éliminer dans le christianisme tout élément hébraïque. Jésus cesse, pour lui, d'être le fils de Dieu, comme le prétend « la légende biblique du Nouveau Testament », qui le transforme en« rabbin de Nazareth». De l'autre côté, depuis la publication, en 1835, de la *Mythologie germanique* des frères Grimm, un courant « néo-païen » se dessine : un des organes de la Ligue pangermaniste prend en 1899 le titre d'*Odin* ; toute une littérature artificielle ranime le souvenir du culte de Wotan et de Tuisco.

Antisémitisme, racisme. — Il n'est pas vrai que l'antisémitisme soit un trait permanent de la pensée allemande. La défense des Juifs est un thème fréquent de la littérature du XVIIIe siècle. Les grands salons romantiques sont tenus par des Juives. Certains romantiques cependant, d'extraction aristocratique, font déjà preuve d'antisémitisme : Achim von Arnim et von der Marwitz fondent une « société germanique chrétienne », d'où sont exclus « Juifs, Français et Philistins ». A l'autre bord, Arndt tient, lui aussi, des propos hostiles aux Juifs.

Au début, cet antisémitisme n'a pas de fondement raciste : on reproche seulement aux Juifs de former un Etat dans l'Etat, d'être un élément spirituel étranger dans les frontières de l'Allemagne. Vers le milieu du XIXe siècle cependant, la nation cesse d'être définie par des caractères spirituels : le nationalisme tire ses arguments de la biologie. C'est, pour une part, la conséquence du darwinisme (*L'origine des espèces* paraît en 1859). Mais, pour une part plus importante, le racisme allemand est dû à l'influence de Gobineau. Ce penseur paradoxal, qui ne fut jamais en France qu'une curiosité littéraire, eut, en Allemagne, par l'entremise de Wagner et de Chamberlain, une fortune inattendue. Dans son *Essai sur l'inégalité des races humaines* (1853), il établit une hiérarchie entre les races et condamne les métissages : tout croisement, pense-t-il, se produit au profit des races inférieures ; de là, selon lui, la décadence de l'humanité moderne. En outre, il place au sommet de la hiérarchie raciale la race aryenne, dont les Germains sont, à ses yeux, les plus parfaits représentants.

Les idées de Gobineau trouvèrent un accueil enthousiaste auprès de Richard Wagner. Wagner est un des esprits, en qui les contradictions et les obscurités de la pensée allemande du XIXe siècle se manifestent de la manière la plus curieuse. Il est d'inspiration libérale (il fit le coup de feu à Dresde pendant la Révolution de 1848), adversaire du capitalisme (l'*Anneau des Nibelungen* comporte une confuse mythologie du règne maudit de l'Or). Avec cela, il est à la fois antisémite, nationaliste à la mode de Fichte, pacifiste et promoteur d'une religion du renoncement, où le catholicisme rejoint un bouddhisme vu à travers Schopenhauer. Obsédé comme Gobineau par l'idée de la « décadence », il cherche, pour « régénérer » l'humanité, toutes sortes d'expédients : d'abord le végétarisme, puis, après la lecture de Gobineau, la pureté de la race.

Mais le principal défenseur du racisme pendant le second Reich est H. S. Chamberlain. Fils d'un amiral anglais, Chamberlain s'installa en Allemagne, devint le gendre de Wagner et, par la suite, conseiller écouté de Guillaume II, avant d'entrer en rapports, en 1923, avec Hitler et d'encourager les débuts de son action. Les *Assises du XIX*^e^ *siècle*, qu'il publie en 1899, constituent une verbeuse métaphysique de l'histoire, à la gloire de la race aryenne et des Germains. A force d'arguments spécieux, il prouve que Jésus n'était pas Juif, mais, comme David, le descendant d'une souche aryenne. Admirateur, comme Gobineau, de l'époque de la Renaissance, il en attribue aux Germains tout le mérite : dans le visage bouffi de graisse de Luther et dans la figure émaciée de Dante, il reconnaît les traits de la même race. Ennemi du catholicisme et du droit romain, il montre comment l'Europe fut tirée du chaos de la décadence romaine par les invasions germaniques ; il appelle de ses vœux la domination des « Teutons ».

Désormais, l'antisémitisme est une pièce essentielle de la pensée conservatrice en Allemagne. Adolf Stöcker, fondateur du Parti chrétien-social, en fait le centre de sa propagande. Et, à l'Université de Berlin, l'antisémitisme est l'objet principal de l'enseignement d'Eugen Dühring. Dans son ouvrage *La question juive, question de race, de morale et de civilisation*, il montre les Juifs à l'origine de toutes les formes de corruption ; il dénonce à son tour la falsification des Evangiles par la pensée juive et propose un programme d'action : les Juifs seront exclus de l'enseignement et de la presse, un *numerus clausus* leur sera imposé dans le barreau et la magistrature ; les mariages mixtes seront prohibés ; les biens des princes de la finance juive seront « médiatisés ».

Autarcie. — Très tôt, les idées nationalistes se manifestent aussi en Allemagne dans le domaine de l'économie et plusieurs systèmes, dès le XIXe siècle, imaginent un socialisme national et autarcique.

Dès 1800, Fichte, dans *L'Etat commercial fermé*, estime que l'indépendance nationale ne peut être obtenue que si la nation se suffit économiquement à elle-même. Rompant avec le libre-échangisme d'Adam Smith, il imagine un protectionnisme absolu. L'économie sera planifiée et nul ne pourra exercer un métier sans l'autorisation de l'Etat. Tout commerce privé avec l'étranger sera interdit. l'Etat réglant seul les transactions internationales. « Toutes les devises, l'or et l'argent, qui sont aux mains des citoyens, seraient retirées de la circulation et échangées contre une nouvelle monnaie nationale, qui n'aurait de valeur qu'à l'intérieur des frontières. » Les devises détenues par l'Etat lui permettraient de procéder aux importations indispensables et à l'achat des brevets étrangers. Tout luxe serait prohibé, mais le niveau de vie moyen du pays s'en trouverait amélioré. Dans l'esprit de Fichte, ce système mettrait fin à la redoutable concurrence entre les nations et, supprimant la production à outrance, ramènerait l'économie au niveau des besoins essentiels. Cette autarcie réalisée, la nation romprait toute alliance avec l'étranger, et ne risquerait plus ainsi d'être entraînée dans des guerres.

Adam Muller, un des porte-parole du conservatisme au début du XIXe siècle, s'oriente dans une direction parallèle. S'inspirant d'une sorte de théorie féodale, il soutient que toute propriété appartient à l'Etat, les individus ne jouissant que de l'usufruit ; seul l'Etat peut maintenir l'équilibre entre production et consommation. Comme Fichte, A. Muller prévoit un double système monétaire, interne et externe, la monnaie intérieure étant de papier. Adam Muller dénomme « totalitaire » l'Etat qui unirait au pouvoir politique la haute main sur l'économie.

En 1834, une union douanière *(Zollverein)* est réalisée entre dix-huit Etats d'Allemagne du Nord, y compris la Prusse. Cette entente couronnait les efforts de l'économiste Friedrich List. List appartient à la lignée spirituelle de Fichte : il est, comme lui, à la fois nationaliste, protectionniste et pacifiste. Le *Zollverein* n'est pour lui qu'un premier pas ; il faut que l'Allemagne parvienne à se suffire à elle-même. Pour cela, le *Zollverein* devra un jour, englober la Belgique et la Hollande, et l'Allemagne posséder des « territoires de complément », aussi indispensables pour elle « que l'air qu'elle respire ». Une émigration bien dirigée, en Amérique du Sud et dans le bassin danubien, préparera utilement cette indispensable expansion.

2. Théorie de l'Etat. — *L'Etat-sauveur.* — Le repliement nationaliste se trouve donc accroître les attributions et la puissance de l'Etat. Paradoxalement, même un libéral comme Fichte est amené à admettre, à titre provisoire, pour réaliser son objectif, l'existence d'un tyran *(Zwingherr)*. Les nationalistes de l'époque romantique conçoivent le régime idéal sous la forme d'un régime autoritaire, fondé sur l'attachement personnel du sujet au souverain tout-puissant et sur la vertu germanique de « fidélité » *(Treue)* plutôt que sur le lien abstrait et impersonnel de la loi. Ces idées prennent naissance dans la deuxième moitié du XVIIIe siècle, avec Herder et Justus Möser : critiquant le « despotisme éclairé », où le souverain n'est que le premier fonctionnaire de l'Etat, ils lui opposent un despotisme à l'ancienne mode, de forme féodale.

Longtemps survit cependant l'individualisme du XVIIIe siècle pour lequel l'Etat n'est qu'un mal nécessaire. Mais le repliement national, les projets d'autarcie amènent peu à peu à opposer à la raison individuelle la raison d'Etat et à concevoir l'Etat comme l'instrument du salut. Bientôt, la frontière devient indistincte entre les libéraux de la lignée Fichte-Arndt et les conservateurs tels que A. Muller ou Hegel. Adam Muller pense qu'une fois réalisé l'Etat national, le citoyen devra y être absorbé tout entier, abandonnant sa vie privée et même son souci de religion. Pour Hegel, l'Etat est « la réalité de l'idée morale », « la condition unique qui permet à l'individu de réaliser sa fin et d'atteindre son bien » ; l'Etat est proprement « la volonté divine ».

Il suit de là, d'une part, que le gouvernement, émanation de l'Etat, doit détenir un pouvoir absolu et, d'autre part, que l'Etat, suprême instance, ne reconnaît au-dessus de lui aucune règle morale, qu'il est lui-même la seule source de moralité, la seule référence autorisée. Ainsi se trouve fondée et justifiée une politique « réaliste », guidée par le seul intérêt de l'Etat.

La guerre. — La puissance étant ainsi devenue la suprême valeur, la violence et la guerre ne peuvent plus être condamnées. Le XVIIIe siècle réprouvait toutes les formes de guerre. Fichte, devant les entreprises napoléoniennes, distingue entre les guerres dynastiques, stériles et condamnables, et les « guerres justes », c'est-à-dire défensives, où une nation affirme son droit à l'existence. Arndt va plus loin : la guerre a, en elle-même, une valeur morale : « Elle est nécessaire pour secouer la paresse ; la paix éternelle sur terre... serait, pour l'humanité, le plus grand des malheurs : elle corromprait par la décomposition beaucoup plus que la guerre ne détruit. » Pour Adam Muller, et pour son ami Rühle von Lilienstern (auteur d'une *Apologie de la guerre*), la guerre n'est pas due seulement, comme le pensaient les rationalistes optimistes de l'ère des lumières, à la fantaisie des mauvais ministres : elle répond à un besoin profond, à « un élan intérieur de croissance et de vie » ; c'est la guerre « qui donne aux Etats leur structure, leur solidité, leur individualité, leur personnalité ».

Hegel justifie la guerre par d'autres arguments. Le parfait engagement de l'individu dans l'Etat est le sacrifice : la guerre est l'acte même par lequel l'individu — et avec lui l'Etat — s'affirment et se sauvent. La guerre est l'action morale par excellence. Selon la vue ancienne de l'histoire, les guerres étaient des intermèdes dans l'évolution du monde. Pour Hegel, ce sont les âges de tranquillité et de bonheur qui sont les « pages blanches » de l'histoire.

Le réalisme politique, la doctrine de la violence, la justification de la guerre, deviennent les lieux communs de la pensée pangermaniste. Treitschke célèbre « ces natures intransigeantes qui sacrifient volontairement l'ampleur de la civilisation pour un gain en force et en profondeur. Ces hommes exigent impérieusement qu'on les aime ou qu'on les déteste ». Sous le règne de Guillaume II, le principal ouvrage belliciste est celui de F. von Bernhardi. Il célèbre la guerre « comme un facteur indispensable de la civilisation, l'expression suprême de l'énergie et de la vie des peuples ». Il rejette l'idée d'une Cour internationale d'arbitrage, chaque peuple ne puisant qu'en lui-même les règles de son action.

3. **Nietzsche.** — Ce tableau des origines spirituelles de l'hitlérisme ne serait pas complet, s'il n'y figurait le nom de Nietzsche. Le cas de Nietzsche est complexe. Il fut l'adversaire déclaré de tous les penseurs dont on vient de parler. Personne na tourné plus que lui en dérision les Allemands et leur chauvinisme : mais, en même temps, il place ses espoirs

dans l'armée prussienne. Longtemps, il reste étranger à toute pensée raciste : mais, dans ses derniers ouvrages, il pense que le « surhomme » doit être préparé par une sélection biologique. Mais surtout, le « renversement des valeurs », dont il est le prophète, donne la prééminence à l'instinct et à la violence. Il escompte le rajeunissement d'un monde usé par le triomphe des nouveaux Barbares, les « bêtes blondes » germaniques. Le « surhomme » imprécis qu'il imagine unit à la force physique une intelligence subtile et désabusée, qui ne s'emploie qu'à détruire une civilisation corrompue. Il est conçu à l'image d'un condottiere, qui ignore tout scrupule et n'est guidé que par son appétit de puissance. La guerre est bonne non pour la cause qu'elle défend, mais en elle-même, parce qu'elle est dangereuse et finalement inutile. Nietzsche unit un pessimisme religieux, qui veut détruire le monde et renier l'homme, à un esthétisme, qui aime le spectacle de la puissance et des grands cataclysmes. Il est peu probable que ce négateur passionné eût approuvé l'Allemagne de Hitler, plus que celle de Bismarck, qu'il détestait. Et d'ailleurs, les hitlériens se sont rarement réclamés de lui. Mais il était aisé de trouver dans son œuvre, en négligeant l'ironie, le double sens, le paradoxe, une justification de tous les cynismes et de toutes les violences. Sans cette préface au « nihilisme », Hitler ne peut être compris.

III. — Les voisins

Avant 1933, la littérature national-socialiste proprement dite est très réduite : à part *Mein Kampf* qui est un livre d'histoire et une diatribe politique plutôt qu'un ouvrage théorique, on ne peut guère citer que *Le mythe du XXe siècle*, d'Alfred Rosenberg (1931), où se résume l'idéologie du Parti.

Ce livre, qui fut tiré à plus d'un million d'exemplaires, est une suite d'élucubrations historiques, « philosophiques », mythologiques, qui prolonge ouvertement la pensée de H. S. Chamberlain, quoique avec plus de dilettantisme encore. Toute l'histoire du monde occidental est un conflit entre la race aryenne et la race sémitique. La Grèce, à sa meilleure époque, incarne l'esprit nordique ; mais, avec Socrate, s'introduit un élément étranger, au moment où le culte syriaque de Dionysos détruit le noble Panthéon des Aryens. Toute l'histoire de Rome est, de même, une lutte contre les Sémites : Etrusques et Carthaginois. Le christianisme, enjuivé par saint Paul et saint Matthieu, déforme la pure doctrine du Christ : la religion « matérialiste » de Jéhovah pénètre en Occident en nombreux avatars qui se nomment : humanitarisme, libéralisme, conscience de classe. Le principe moral suprême, pour les Aryens, est l'honneur et la fierté du sang : le christianisme tente de lui substituer le principe de charité, qui n'engendre que servilité. Mais les peuples germaniques résistent à cette intrusion de l'esprit étranger. C'est Odin qui revit dans les grandes figures de l'histoire allemande : l'évêque Ulfilas, Jean-Sébastien Bach, Gœthe et Wagner enfin, qui exprime « l'essentiel de la civilisation nordico-occidentale ». La Réforme luthérienne enfin exprime la révolte des Germains contre la tyrannie judéo-romaine. La France, en chassant les Huguenots, perd sa dernière chance de salut : ce n'est plus aujourd'hui qu'un peuple de bâtards, dont même le type racial s'est modifié pour devenir brachycéphale. Seule l'Allemagne peut maintenant sauver l'Europe de la démocratie et de la tyrannie de la raison, produits des races inférieures autrefois vaincues par les Germains et qui tentent leur revanche. Il n'existe pas, en effet, de vérité absolue, pas de droit universel : « Le droit est ce que l'homme aryen trouve juste. » La mission de l'avenir est d'enfanter un nouveau « type » humain. Ce type ne pourra naître que par la constitution de groupements « virils », dont l'armée prussienne offre le modèle. Il faudra prolonger le christianisme par un 5e Evangile. Les héros de la Grande Guerre seront les martyrs de la foi nouvelle : « Maître Eckart » (le mystique du XIVe siècle) « et les héros en *feldgrau* sous le casque d'acier, ne sont qu'une seule et même personne».

Ce sont ces extravagantes affabulations qui forment le décor du national-socialisme, sans que personne, on le conçoit, les ait jamais prises au sérieux. Mais on voit de quelle tradition ces « mythes » absurdes peuvent se réclamer.

Cette prétendue « idéologie » n'aurait pu naître si elle n'avait été préparée et entourée par d'autres systèmes de pensée. Les écrivains que nous allons citer sont, bien entendu, d'un tout autre niveau ; aucun d'eux ne fut hitlérien ; plusieurs furent même combattus par le régime nouveau. Néanmoins, ils lui préparèrent le terrain, surtout par l'aspect négatif de leur pensée et leur critique de la société et de la civilisation modernes. Ce ne furent pas, pour les nazis, des alliés, mais des voisins.

1. Certains penseurs, comme Ludwig Klages ou Alfred Schuler combattent la suprématie de la « raison » et lui substituent une « mystique du sang », qui ne tarde pas à rejoindre les théories racistes. Le grand poète Stefan George, et surtout quelques-uns des disciples qu'il forma, professent un conservatisme subversif : il faut détruire par la force une société corrompue ; la civilisation ne sera sauvée que si on lui fait subir l'épreuve du feu ; une « guerre sainte » exterminera les impurs.

Dans la défense de l'Occident qu'ils entreprennent, l'Allemagne sera le guide ; c'est là que naîtra la foi de l'avenir, destinée à supplanter un christianisme usé. Pour se préparer aux prochains combats, il faut grouper une aristocratie nouvelle ; la régénération ne viendra que de sociétés étroites et secrètes, de groupements virils, unis par l'amitié. Après la guerre de 1914, George ne laisse espérer le salut que d'un « troisième assaut » où les Allemands « se purifieront de la honte » et « rejetteront les chaînes du servage ».

Ajoutons toutefois que la plupart des disciples de George furent hostiles au troisième Reich : c'est de leurs rangs que sortira l'auteur de l'attentat du 20 juillet 1944, Claus von Stauffenberg.

L'idée d'une régénération de la société par le moyen d'associations de jeunes hommes joua un très grand rôle en Allemagne dès avant la guerre de 1914. Ces groupements avaient pour objet de détruire les principes moraux et sociaux de la bourgeoisie ; ils étaient fréquemment d'inspiration homosexuelle. Les principaux furent les *Wandervögel* et la *Freideutsche Jugendbewegung*, leur principal théoricien Hans Blüher. Là encore, ces mouvements, étroitement apparentés d'abord aux groupements politiques et para-militaires, furent ensuite en butte aux persécutions des nazis.

2. Un second groupe est constitué par divers « spécialistes », dont les travaux furent utilisés par les hitlériens, ou qui participèrent, dans leur domaine, au mouvement de pensée national-socialiste. Citons d'abord les mouvements « néo-païens », qui se développent en marge de l'hitlérisme ou en accord avec lui : ainsi Ludendorff, ainsi le comte Ernst zu Reventlow. Puis le biologiste Hans F. K. Günther, théoricien de la race, dont la *Théorie raciale du peuple allemand* tira à plus de deux cent cinquante mille exemplaires. Ou bien le créateur de la « géopolitique », Karl Haushofer, géographe d'inspiration nationaliste, dont les travaux furent comme un bréviaire de l'esprit de conquête. On pourra compter aussi dans ce groupe le juriste Carl Schmitt, théoricien de l'Etat corporatif : le temps de l'Etat pluraliste, pense-t-il, est révolu et il faut détruire en Allemagne les divers obstacles à l'unité de l'Etat : le fédéralisme des *Länder*, la multiplicité des partis, les grandes coalitions d'intérêts (trusts et syndicats).

Il faut ajouter ici la revue *L'Action (Die Tat)*, qui paraissait depuis 1909, mais qui joua surtout un rôle important à la veille de la dictature hitlérienne. Les collaborateurs de cette revue s'opposaient au national-socialisme, comptant sur l'armée et le président du Reich. Mais l'Etat qu'ils voulaient édifier était totalitaire, autoritaire, autarcique.

F. Fried songe à un « socialisme à l'allemande », qui abandonnerait le souci de rentabilité, à un Etat commercial fermé, à une conquête du Sud-Est européen par l'Allemagne. Hans Zehrer voudrait constituer, avec les mouvements de jeunesse, des éléments des corps francs, les anciens combattants, une « Troisième Force », nationaliste et socialiste, entre communistes et hitlériens. Du groupe de *L'Action* au mouvement des frères Strasser, la distance n'est plus grande.

3. *Le mythe du XXe siècle* n'est que le dernier venu de toute une série de systèmes historico-métaphysiques. Certains sont très éloignés de la future idéologie hitlérienne : mais, à cause de leur critique du libéralisme, du capitalisme, de la civilisation moderne, ils doivent être cités parmi ceux qui lui ouvrirent la route.

Le plus éloigné de tout national-socialisme fut certainement Walther Rathenau. Ce grand homme d'affaires, directeur d'un des trusts de l'électricité (A.E.G.), cet homme politique qui fut un des créateurs de la République de Weimar, fut, en même temps, un théoricien hostile à la civilisation du machinisme : en se mécanisant, le monde moderne s'est peu à peu « dégermanisé » ; l'intelligence s'est arrogé un pouvoir abusif sur le sentiment et l'irrationnel. A la fois nationaliste et pacifiste, démocrate et antiparlementaire, Rathenau imagine, selon la tradition romantique, un régime autoritaire, appuyé sur les corporations (syndicats et sociétés par actions) et dirigé par une « élite » populaire : communauté vivante, au lieu d'une bureaucratie impersonnelle.

Thomas Mann développe, dans les *Considérations d'un Apolitique* (1918) des théories nationalistes, qu'il abjurera par la suite. Dans ce livre, issu de la guerre de 1914, il oppose à la « civilisation » occidentale, toute extérieure, produit de la « bourgeoisie » et de la démocratie, une « culture » germanique radicalement différente : le peuple allemand ne peut ni ne doit assimiler cet esprit, qui lui est étranger. Au lieu de la « révolution » à la mode occidentale, Th. Mann envisage alors l'avenir comme une grande « réaction », un retour aux forces élémentaires, « la nature affranchie de l'intelligence, l'âme populaire, la haine, la guerre ».

On reconnaît aisément, dans ces deux penseurs, les successeurs de la tradition romantique, qui a été décrite plus haut, utopique et « réactionnaire ». En face d'eux, Oswald Spengler continue la lignée « prussienne » : il exalte l'Etat, les vertus d'obéissance, la politique de force. On trouve certes aussi dans *Le déclin de l'Occident* (1920), immense et confuse métaphysique de l'histoire, l'idée de l'usure des grandes « cultures », qui dégénèrent en « civilisations ». Mais, pour racheter l'Europe du déclin dans lequel elle est engagée, pour la défendre du péril oriental (les peuples jaunes et les Russes), O. Spengler propose un nouveau césarisme.

L'Allemagne est le seul pays d'Europe où la culture moderne, que Spengler nomme faustienne, ne se soit pas complètement dégradée. Encore ne compte-t-il que sur l'Allemagne du Nord, luthérienne, la Prusse des Hohenzollern, et non sur l'Allemagne du Sud, où le catholicisme a introduit un élément étranger. Ce sont les souverains prussiens, et non Karl Marx, qui ont inventé le vrai socialisme,« volonté de puissance, lutte pour le bonheur, non de l'individu, mais de la collectivité » ; l'Allemagne a gardé vivant en elle le besoin de servir, et de vénérer. O. Spengler, admirateur de Frédéric le Grand, projette, en somme, un despotisme éclairé à la mode moderne, qui ne dédaignerait pas la propagande. Qu'est-ce, en effet, que la vérité ? « Pour la masse, c'est ce qu'elle lit et entend constamment. » L'homme, dit Spengler après Nietzsche, est une« bête de proie» et la puissance, objectif de toute politique, ne sera conquise que par de « nouveaux Barbares ». « La guerre est la forme éternelle de toute vie supérieure, et les Etats ne sont faits que pour la guerre.» Ce« socialisme national» ne se sépare du national-socialisme hitlérien que par son absence de racisme : il refuse toute définition biologique de la race, ou, comme il dit, toute « zoologie ».

Au réalisme d'Oswald Spengler s'oppose le « mysticisme » politique de Mœller van den Bruck. Moeller prolonge plutôt les vues de Fichte et de List que les ambitions de Frédéric II. Mais, comme Spengler, il porte l'accent sur la Prusse et sur la tradition luthérienne. A la haine de la démocratie occidentale, commune à tous ces penseurs, Mœller ajoute des considérations démographiques : il y a en Allemagne vingt millions d'hommes en excès, qui doivent se frayer une route vers le dehors ; la France, reléguée à la périphérie de l'Europe, deviendrait un second Portugal, tandis que l'Allemagne s'étendrait vers l'Est. A la « volonté » américaine, à l' « âme » russe, l'Allemagne oppose une « philosophie » (*Weltanschauung*) anti-libérale, qui lui permettra d'unifier autour d'elle l'Europe entière. A l'intérieur, ce sera le « IIIe Reich », Etat corporatif, fédéral, conservateur, sans constitution écrite, appuyé sur les grands corps politiques et sur les corporations économiques. Cette utopie conservatrice est la dernière construction politique avant Hitler, dont Mœller ne connut pas le succès : il s'était donné la mort en 1925.

4. A côté de ces théoriciens de ce qu'on a nommé la « révolution conservatrice », il faut citer enfin des écrivains, dont l'action sur le public fut peut-être plus directe et plus profonde. Nous ne citerons ici, parmi beaucoup, que quatre noms : Hans Grimm, dont le roman *Peuple sans espace* (1926) tira à plus de deux cent mille exemplaires. Puis, E. E. Dwinger et sa triologie sur la guerre et la révolution russe (1929-1932) : *L'armée derrière les barbelés* ; *Entre Rouges et Blancs* ; *Allemagne, nous t'appelons*. Ernst von Salomon fit partie très jeune des corps francs. Il raconte dans *Les Réprouvés* (1929) l'assassinat de Rathenau, auquel lui-même participa, et dans *Les Cadets* (1933) l'histoire des jeunes officiers sans emploi et sans idéal, après la défaite. Ernst Jünger exalte dans ses premiers ouvrages (*Orages d'Acier*, 1920, *La Guerre notre Mère*, 1922) son expérience de la guerre. Puis il publie, en 1932, *L'Ouvrier*, où, tout près de Spengler et de Mœller van den Bruck, il décrit l'ouvrier comme le soldat d'un futur régime d'autorité, appelé à supplanter l'idéal démocratique périmé des pays d'Occident.

DEUXIÈME PARTIE

L'HITLÉRISME AU POUVOIR (1934-1945)

CHAPITRE PREMIER

STRUCTURE DE L'ÉTAT HITLÉRIEN

I. — Le pouvoir central

1. **Les Etats.** — Moins fédéraliste que l'Empire wilhelminien, la République de Weimar avait maintenu, néanmoins, une certaine autonomie des provinces. Elle conservait dix-sept Etats *(Länder)*, qui avaient chacun leur constitution, leur Parlement *(Landtag)*, leur gouvernement. A côté du Reichstag élu, un *Reichsrat* délégué par les différents gouvernements fédérés, fonctionnait comme Assemblée consultative et disposait d'un veto suspensif. Une Haute-Cour de justice réglait les conflits entre l'Empire et les Etats.

Le régime hitlérien accentua beaucoup les tendances centralisatrices de la République de Weimar. Aussitôt après les élections de janvier 1933, les gouvernements provinciaux avaient, pour la plupart, démissionné, et des cabinets de coalition nationaliste, à l'image du cabinet du Reich, les avaient remplacés. Comme la Bavière faisait mine de résister, Hitler y avait envoyé le général von Epp, muni des pleins pouvoirs, avec le titre de « commissaire d'Empire. »

Puis, les Parlements provinciaux furent tout à fait supprimés, les gouvernements des Etats devinrent subordonnés au gouvernement du Reich. Le

Reichsrat fut dissous. Le 31 mars, une loi, dite de « mise au pas » *(Gleichschaltung)* obligea les Etats à légiférer en harmonie avec les lois du Reich, sans tenir compte désormais des constitutions provinciales. Le 7 avril, la loi dite de reconstruction de l'Empire, plaça à la tête des Etats des *Statthalter*, préfets tout-puissants, autorisés à nommer les ministres et les fonctionnaires, chefs de la force armée et de la justice, habilités à recevoir le serment des évêques. Il y eut onze Statthalter, choisis par Hitler parmi les nazis les plus sûrs. En Prusse, c'est le président du Conseil, donc Gœring, qui fait fonction de Statthalter. C'en était fait de l'autonomie des provinces.

Les villes perdirent de la même manière leur liberté : il n'y eut plus d'élections municipales, et les bourgmestres furent désignés par le pouvoir central.

Ce pouvoir central, depuis le 24 mars 1933, est tout entier concentré entre les mains du Führer. La loi des pleins pouvoirs, votée par le Reichstag à la majorité constitutionnelle des deux tiers, remettait au chancelier la plénitude du pouvoir législatif pour une durée de quatre ans, en l'autorisant à ne plus tenir compte de la constitution. Ces pouvoirs furent renouvelés à l'unanimité le 30 janvier 1937. Et le 26 avril 1942, Hitler proclamait devant le Reichstag que « comme Führer de la nation, commandant suprême de l'armée, chef du gouvernement, détenteur du pouvoir exécutif et juge suprême », il n'avait à tenir compte ni de la loi écrite ni des droits acquis, qu'il pouvait décréter les peines qu'il trouvait bonnes et révoquer les juges à son gré. Même le Conseil des ministres ne siégeait qu'exceptionnellement (il fut réuni pour la dernière fois le 4 février 1938) et Hitler ne mettait pas toujours ses collaborateurs au courant de sa politique. Une loi du 16 octobre 1934 obligea les ministres à prêter serment de fidélité et d'obéissance au Führer. Dans ce régime, centralisé à l'extrême, la seule faille venait des rivalités de clans et des intrigues personnelles.

2. **Le Parti.** — Cette centralisation de l'Allemagne fut encore accrue par la structure du Parti national-socialiste. Les fonctionnaires du Parti ne sont pas répartis selon les Etats, mais selon un découpage nouveau en *Gaue*, au nombre de trente-deux. Le « Gau », commandé par un *Gauleiter*, se subdivise en « cercles » et, à l'intérieur des cercles, chaque localité comporte un « groupe » du parti, réparti en « cellules » et en « blocs ».

L'administration proprement dite est donc doublée par une administration annexe, qui la contrôle et souvent la jalouse.

Le Parti proprement dit constitua toujours une minorité. Il n'était pas nécessaire d'appartenir au Parti pour occuper une fonction, même importante : un des ministres du Reich, von Eltz, n'y appartint jamais. Les membres du Parti (P.G.) groupaient les plus convaincus et les plus fanatiques. Mais déjà, avec ses multiples commissions centrales (politique, juridique, agricole, etc.), l'organisation du Parti représente un ensemble très lourd, que dirige le suppléant du Führer, Rudolf Hess, puis Martin Bormann.

Mais il existe, à côté, les innombrables groupements national-socialistes : milices, corps motorisés, jeunesses hitlériennes, corporations des étudiants, des professeurs, des juristes, etc. On ne pouvait vivre tranquille en Allemagne qu'en militant dans l'un quelconque d'entre eux. Chaque année, en septembre, à Nuremberg, un Congrès réunit les quelques millions de personnes engagées dans ces divers groupements.

3. **Polices et milices.** — La dictature hitlérienne développa un système de polices et de milices sans précédent.

Les S.A., qui avaient été les maîtres du régime pendant la première année, furent brisés par le 30 juin 1934. Ils ne disparurent pas, mais ne jouèrent plus, sous les ordres de l'obscur Lutze, qu'un rôle très effacé. Evincés, ils constituèrent un moment une opposition intérieure ; une organisation, dite des « Vengeurs de Roehm » assassina en 1934-1935, un certain nombre d'officiers S.S.

Ils furent supplantés par les S.S. Ce n'était à l'origine, en 1929, qu'une garde du corps personnelle du Führer ; elle ne comptait alors que deux cent cinquante hommes. En 1931, elle avait dix mille membres. Après la disparition de Roehm, Himmler, chef des S.S., ne dépendit plus que de Hitler. Les S.S. devinrent alors une gigantesque organisation aux activités multiples.

Il y avait d'abord l'armée S.S., qui réunissait en 1936 deux cent dix mille hommes, vers la fin de la guerre, environ un million. Cette armée comprenait : d'une part, les « unités à tête de mort » (environ trente mille hommes), qui étaient employées à des missions intérieures (elles furent chargées en particulier, sous la direction de Eicke, de la garde des camps de concentration) ; d'autre part, des *Waffen-SS*, employés comme troupe d'élite à l'armée.

Les S.S., d'autre part, dominèrent peu à peu tout le système de la police. Tous les organes de police furent réunis en 1936 dans l'Office central de la Sûreté (R.S.H.A.), qui cessa d'appartenir au ministère de l'Intérieur et ne dépendit que de Himmler. Il faut ajouter à ces services de police, la police militaire de contre-espionnage, ou *Abwehr*, sous les ordres de l'amiral Canaris qui d'ailleurs s'opposa rapidement au R.S.H.A. L'Office central comprenait trois subdivisions principales : la police de maintien de l'ordre, sous les ordres de Daluege, la police criminelle, sous les ordres de Nebe, enfin la police secrète d'Etat, ou *Gestapo*, avec son Office central ou *Gestapa*.

Cette organisation était l'aboutissement d'une longue lutte des S.S. pour le contrôle de la police. Il existait, en effet, depuis 1931, une police propre aux S.S. et primitivement destinée à l'épuration interne du mouvement, le S.D. (service de sûreté), que dirigea dès le début l'ancien officier de marine Reinhold Heydrich. Lorsque Hitler prit le pouvoir, Himmler espérait que le S.D. deviendrait le noyau de la police d'Etat, dont lui-même serait le chef. C'est ce qui se produisit, en effet, mais en 1936 seulement. Auparavant, il en fut empêché par Gœring, son adversaire jusqu'aux dernières heures du régime : Gœring, ministre de l'Intérieur de Prusse, entendit garder la haute main sur la Gestapo, à la tête de laquelle il plaça un de ses hommes de confiance, Rudolf Diels. Himmler dut se contenter d'abord d'être chef de la police de Bavière. Mais Heydrich s'infiltra en 1934 à la Gestapa de Berlin ; quelques mois plus tard, Himmler lui-même y entra avec le titre d'inspecteur, et en 1936 enfin, malgré les efforts de Frick, ministre de l'Intérieur du Reich, il commanda toute la police d'Allemagne. S.D. et Gestapo passèrent aux ordres de Heydrich, puis, quand celui-ci eut été assassiné en Tchécoslovaquie en 1942, de Kaltenbrunner. On estime que le S.D. réunit jusqu'à cent vingt mille agents.

Police et troupe de combat, sans scrupule ni pitié, les S.S. perdirent progressivement un peu de leur caractère primitif. Surtout pendant la guerre, on y fut souvent embrigadé de force. Cependant, Himmler entretint une « mystique S.S. » et persista à donner à son organisation les allures d'une ligue secrète, avec des cérémonies d'initiation *(Fahnenjunker-Weihen)* dans la cathédrale de Quedlinburg. Trois instituts supérieurs (Sonthofen, en Bavière, Vogelsang, près du Rhin, Krössinsee, en Poméranie), étaient destinés à former l'élite dirigeante de la future Allemagne.

4. **Les camps de concentration.** — Cette institution, qui demeurera dans l'histoire comme témoignage de l'abjection du nazisme, apparut dès les premiers jours. On en ouvrit une cinquantaine, sous l'autorité des S.A. Gœring, qu'inquiétait le pouvoir de la milice brune, les fit fermer, à l'exception de deux ou trois. Mais, après 1936 surtout, les S.S. réinstallèrent les camps. Les trois principaux, jusqu'en 1939, furent ceux de Dachau, près de Munich, de Buchenwald, à côté de Weimar et de Sachsenhausen, dans la banlieue de Berlin. La déclaration de guerre fit augmenter très rapidement le nombre des camps : il en existait une centaine dès 1939.

On connaît l'organisation de ces camps, qui réunissaient déportés politiques, Juifs, homosexuels, condamnés de droit commun, « asociaux » et même les inoffensifs fidèles de la secte des *Bibelforscher*. Le système, qui plaçait les forçats sous les ordres de certains d'entre eux *(Kapos)* était calculé pour favoriser la délation et la jalousie. Les camps étaient utilisés en même temps pour profiter d'une main-d'œuvre à bon marché. Si l'on excepte les camps dits d'anéantissement, le régime alimentaire était calculé pour permettre aux détenus de vivre en moyenne neuf mois. Pour une dépense journalière de 0,70 mark, un détenu fournissait un travail de 6 marks environ. Nous ne décrirons pas ici les chambres à gaz, les fours crématoires et les autres abjectes institutions de cet ordre, que chacun connaît aujourd'hui. Mais le secret était si soigneusement gardé autour de ces crimes, que la masse du peuple allemand, si elle n'ignorait pas l'existence des camps, était loin de soupçonner l'horreur de ces pratiques et le nombre des victimes. Même à l'étranger, on ne découvrit entièrement la vérité qu'après la défaite allemande.

On estime qu'après 1939, l'ensemble des camps pouvait enfermer environ un million de détenus à la fois. Bien que toute statistique soit ici très approximative, on a calculé que le nombre des victimes se situe entre 7 et 9 millions.

II. — Les grands services de l'Etat

1. **La justice.** — La doctrine hitlérienne prévoyait une réforme du droit dans le sens des conceptions germaniques. En fait, le code ne fut pas transformé dans ses principes essentiels.

Mais l'autonomie de la justice disparut tout à fait. Thierack, qui remplace à la Justice en 1942 le ministre Gürtner, proclame que le juge n'est pas le gardien des lois, mais l'auxiliaire du gouvernement. Pour juger les crimes politiques et les délits économiques, des tribunaux d'exception furent créés. Comme le Tribunal d'Etat avait acquitté, dans le procès consécutif à l'incendie du Reichstag, trois accusés sur quatre, on lui retira la compétence des procès de haute trahison, confiés désormais à un « Tribunal du Peuple », composé de deux juges et de cinq fonctionnaires du Parti ; le juge Freisler présida ce tribunal, où il se fit une sinistre réputation.

Mais, dans la dictature hitlérienne, la justice ne joua qu'un rôle accessoire. Il n'y eut guère de procès : la pratique de la « détention préventive » permit de se débarrasser par simple mesure de police des adversaires du régime. Dans les territoires occupés, la police régna souverainement.

2. **La propagande.** — Le régime national-socialiste est le premier qui ait accordé à la propagande un département ministériel. Gœbbels régente la presse, la radio, le cinéma, l'édition. Une « Chambre de la Culture nationale » contrôle toute la vie intellectuelle.

Dès l'arrivée des nazis au pouvoir, les grands journaux sont épurés, quelques-uns supprimés ; des directeurs nazis sont désignés. En avril et octobre 1933, est instauré un statut de la presse. Pour être journaliste, il faut recevoir une licence, délivrée par la Chambre du Journalisme. Le ministère de la Propagande indique les informations à publier, les thèmes à diffuser. Les journalistes rédigent leurs articles, sans être soumis à la censure préalable ; mais ils sont responsables. Un tribunal corporatif et la menace des sanctions policières préviennent toute incartade. Le nombre des journaux diminue d'ailleurs sensiblement.

Une Société nationale dirige la radio, une Chambre du Cinéma régente l'industrie du film. L'Etat multiplie et renforce les postes émetteurs. Il fait subventionner par une banque spéciale les films de propagande. Néanmoins, le cinéma allemand, un des premiers du monde avant le nazisme, dégénère rapidement ; et la seule production notable de l'époque hitlérienne est le film de Leni Riefenstahl sur les Jeux olympiques de 1936, *Les dieux du stade.*

La littérature est « organisée » selon les mêmes principes que le journalisme ou le cinéma, c'est-à-dire qu'il faut, pour pouvoir publier, appartenir à une Chambre des Ecrivains, qui contrôle étroitement la production et dénonce au ministère de la Propagande les ouvrages suspects. Les bibliothèques publiques sont expurgées et des autodafés sont organisés sur la place publique ; le premier a lieu le

10 mai 1933 à Berlin, sous la présidence de Gœbbels : on y brûle vingt mille volumes.

La dictature hitlérienne anéantit, du jour au lendemain, la littérature allemande. Quelques médiocres, H. F. Blunck, Kolbenheyer, H. Johst profitent de la conjoncture. Et, seul parmi les écrivains importants, le vieux Gerhard Hauptmann quoique intérieurement très réticent accepte que les nazis se servent de son nom. Une déplorable littérature célèbre les vertus du sang et du sol ; le jargon hitlérien la dénomme littérature *Blubo (Blut und Boden)*. Un grand nombre d'écrivains quittent l'Allemagne, les uns parce qu'ils sont Juifs, comme Franz Werfel ou Stefan Zweig (qui se donne la mort en Amérique du Sud), les autres à cause de leurs convictions politiques, comme Thomas Mann. Hermann Hesse vivait depuis longtemps solitaire en Suisse. Dans les premières années du régime, quelques écrivains et penseurs d'importance, comme Martin Heidegger, Gottfried Benn, Konrad Weiss, adhérèrent d'enthousiasme à l'Etat nouveau. La plupart s'en détachèrent assez vite. Parmi les écrivains restés en Allemagne, les uns se turent, d'autres se réfugièrent dans une littérature gratuite, loin de toute implication politique. Seul Hans Carossa accepte, par mollesse, de présider une Chambre internationale des Ecrivains. Il faut dire à l'honneur de l'intelligence allemande qu'elle a, dans une très large mesure, refusé d'apporter son tribut à la dictature hitlérienne.

3. **La formation de la jeunesse.** — L'enseignement dirigé par le ministre Rust, fut décimé lui aussi par l'épuration raciale et politique, rendu fanatique par des règlements qui révisèrent les manuels scolaires selon les goûts et les besoins du régime. Les

professeurs furent contrôlés par leurs organismes corporatifs, les étudiants groupés dans la *Studentenschaft*.

Mais l'enseignement proprement dit n'est pas l'aspect le plus important de la formation de la jeunesse selon l'hitlérisme. D'abord, les lois « raciales » éliminent d'avance les « impurs » : une loi du 14 juillet 1933, appliquée par un tribunal spécial, décide la stérilisation des individus atteints de maladies héréditaires. Le prêt au mariage — adopté depuis par les autres pays — favorise l'accroissement des naissances, dont le rythme augmente en effet rapidement. Des œuvres telles que « Mère et Enfant » ont pour objet de faciliter l'éducation des enfants naturels. Malgré une idéologie d'inspiration conservatrice, qui célèbre les vertus familiales et veut attacher la mère au foyer, le national-socialisme, d'autre part, tend à arracher dès que possible les enfants à la famille pour les confier à la direction de l'Etat. Des groupements de jeunesse, commandés par Baldur von Schirach, et qui se substituent à toutes les autres associations, y compris le scoutisme, élèvent l'enfant, dès l'âge de huit ans, dans l'esprit du national-socialisme : c'est d'abord le *Jungvolk*, puis, pour les garçons, la *Hitlerjugend*, pour les filles le *Bund deutscher Mädchen*. Il est juste d'ajouter, cependant, que l'appartenance à ces groupements n'était pas obligatoire. En revanche le Service du Travail, couronnement de l'éducation national-socialiste, ne tarde pas à être imposé à tous.

4. **L'organisation du travail. Politique sociale du national-socialisme.** — *Le syndicat unique.* — Le 2 mai 1933, S.A. et S.S. occupèrent les bureaux des grands syndicats allemands : le « syndicat libre »

(socialiste) et le syndicat chrétien. Leurs biens (184 millions de marks) furent saisis et transférés à un organisme unique, dirigé par Robert Ley, le « Front du Travail ». Le Front du Travail groupe obligatoirement tous les employés et tous les employeurs, soit plus de vingt millions de personnes. Il réunit quatorze groupements d'ouvriers manuels, huit groupements d'employés. Chacun de ces groupements est dirigé par un fonctionnaire désigné par Ley. Le Front du Travail n'est pas seulement un syndicat unique. C'est lui qui gère les assurances sociales, les coopératives, les banques de crédit ouvrier, etc. Il doit, en outre, être l'instrument de la politique sociale du régime, en supprimant l'esprit de lutte des classes, en associant patrons et ouvriers à une œuvre commune.

A cet effet, la loi « d'organisation nationale du travail », promulguée en janvier 1934, définit le statut des entreprises et le droit ouvrier. Le personnel délègue auprès de la direction des « hommes de confiance », chargés, non de participer à la gestion économique de l'entreprise, mais de contrôler l'observation des lois sociales (salaires, hygiène, congés, etc.). Mais ces délégués sont choisis par le personnel sur une liste présentée par la direction. En outre, l'« honneur du travail » interdit aux ouvriers la grève et toute indiscipline. Toute infraction est réprimée par des « tribunaux du travail », qui peuvent, d'une part, interdire à un patron indigne le droit de gérer son entreprise, mais d'autre part, infliger des amendes aux ouvriers ou même les expulser de leur travail. Ils veillent aussi à ce que les ouvriers n'empiètent pas sur les droits de la direction. Des « curateurs du travail » *(Treuhänder)* contrôlent la bonne exécution des règlements.

Sous la contrainte du syndicat unique, une apparence de réconciliation sociale est ainsi obtenue. Le régime célèbre pompeusement le travail : la fête du 1er mai est, avec le Congrès du Parti, la grande cérémonie de l'année.

Le Service du Travail. — Fondé le 1er mai 1934 le Service du Travail est d'abord facultatif. Il devient obligatoire, pour les jeunes gens des deux sexes, le 25 juin 1935. Pendant une année, ils sont occupés à des travaux de défrichement, à la construction de routes, etc. Là encore règne une stricte hiérarchie : l'Allemagne est divisée en trente régions, ces régions en groupes, chaque groupe comportant plusieurs « camps de travail ».

Un des objectifs du Travail obligatoire est de développer l'esprit de communauté et d'instruire la jeunesse, mieux que ne peut le faire l'armée, dans la pure doctrine national-socialiste. Mais, en même temps, il contribue à résorber le chômage. Cette victoire sur le chômage est la grande victoire du régime hitlérien et la principale raison de son succès dans le peuple allemand. En dehors du Service du Travail, les chômeurs furent employés dans les grands travaux, dont il sera question plus loin et dans l'industrie d'armement ; mais ils furent aussi absorbés, de manière improductive, dans la gigantesque administration du Parti. (Un quart environ des ressources du Front du Travail est employé en frais d'administration.)

Les œuvres sociales. — Le syndicat unique privait l'ouvrier de sa liberté ; il lui retirait tout moyen efficace de protestation. Mais le régime multipliait en même temps les œuvres d'assistance et organisait les loisirs des travailleurs. Depuis novembre 1933, une branche du Front du Travail, dite « La Force par la Joie » (K.D.F.) organise pour les ouvriers des représentations théâtrales, des vacances à bon marché, des croisières à l'étranger (qui servent en même temps la propagande hitlérienne). Les sports sont systématiquement développés et mis à la portée de tous ; les Jeux olympiques de 1936, à Berlin, couronnent les efforts du chef du Sport allemand, von Tschammer und Osten, et servent eux aussi de publicité au régime.

Les frais de cette organisation sont supportés entièrement par le Front du Travail, qui dispose de l'immense fortune confisquée aux syndicats et perçoit également des cotisations importantes (en moyenne une vingtaine de marks annuellement).

En dehors du Front du Travail, les services d'assistance, en particulier le « Secours d'Hiver » (W.H.W.) sont alimentés par des collectes, auxquelles il est difficile de se soustraire, et qui constituent comme un impôt forcé : le Secours d'Hiver draine par an plusieurs milliards de marks.

Chapitre II

POLITIQUE ÉCONOMIQUE

I. — Le financement du régime

En 1932, l'Allemagne compte six millions de chômeurs ; son économie est totalement paralysée. Le national-socialisme supprime le chômage, remet en marche l'économie allemande, et se trouve capable de financer un effort de réarmement qui, en très peu d'années, permet à l'Allemagne de distancer de loin tous ses voisins. Comment ce « miracle » fut-il possible ?

On sait que l'artisan du miracle fut le Dr Hjalmar Schacht. Schacht, après avoir démissionné en 1929 de ses fonctions de président de la Reichsbank, avait été, on se le rappelle, un des artisans de l'ascension de Hitler au pouvoir. Il reprit alors les fonctions qu'il avait abandonnées et, le 2 août 1934, remplaça en outre au ministère de l'Economie le ministre Schmitt. Il y demeura jusqu'en novembre 1937, où il céda la place à Funk, tout en restant jusqu'en janvier 1943 ministre sans portefeuille.

Une des causes fondamentales de la crise économique qui entraîna la chute de la République était le manque de débouchés : l'Allemagne n'exportait pas assez. D'autre part, l'après-guerre avait vu affluer en Allemagne, sous forme d'emprunts privés, une masse importante de capitaux étrangers. Le projet de Schacht fut de rétablir l'équilibre de la balance commerciale et, pour cela, d'utiliser le capital étranger investi en Allemagne. D'où les trois mesures suivantes :

1° Il interdit le transfert des capitaux étrangers. L'argent resta bloqué en Allemagne, sous le nom de *Registermark* ou de *Kreditsperrmark*. Toutefois, les créanciers étrangers purent utiliser cet argent pour l'achat de marchandises allemandes. On créait, en somme, une exportation forcée, dont les créanciers de l'Allemagne faisaient les frais.

2° Non seulement on essayait d'équilibrer la balance commerciale, mais encore on tentait de rendre l'Allemagne, dans la mesure du possible, indépendante de l'étranger. Par le développement de l'agriculture et des produits de synthèse (caoutchouc synthétique, essence synthétique, textiles de remplacement, etc.), on voulut faire vivre l'Allemagne en économie fermée. Pour les achats indispensables à l'étranger, on eut recours au clearing : à toute importation devait correspondre une exportation de valeur égale dans le pays intéressé. Des caisses de compensation existaient dans les deux pays : l'acheteur versait à ces caisses, dans sa monnaie nationale, le montant de son achat. Ainsi, tout se réduisait à un échange comptable ; l'argent ne sortait pas des frontières et l'Allemagne palliait ainsi sa pauvreté en devises étrangères.

3° Mais, pour exporter, il fallait fabriquer. Afin de remettre en marche l'économie allemande, on eut recours à des billets à très court terme (en principe trois mois, mais prolongeables jusqu'à cinq ans). Les entrepreneurs chargés d'un marché de travaux publics tiraient des traites sur des organismes publics spéciaux (Deutsche Bank und Bodenbank, Deutsche Verkehrskreditbank, Bank der deutschen Arbeit, etc.), auxquels le Reich donnait sa garantie. De même, pour les commandes d'armement, les usines tiraient des bons sur une « Société de recherches sur les métaux » *(Metallforschungsgesellschaft*, en abréviation *Mefo)* et la Reichsbank avalisait ces bons.

On demandera pourquoi ce système, qui s'avéra efficace, n'avait pas été appliqué plus tôt. La réponse est d'abord qu'il l'avait été, quoique sur une bien moins grande échelle : le début de l'interdiction des transferts internationaux remonte à 1931, et ce sont Papen et Schleicher qui avaient imaginé les traites spéciales à court terme. Mais la raison principale est que, par l'autarcie ainsi organisée, l'Allemagne sortait du cycle normal des échanges internationaux, se mettait à l'écart de l'Europe : c'est précisément ce que le chancelier Bruning avait voulu éviter. L'interdiction du transfert des capitaux étrangers est une décision unilatérale de l'Allemagne qui, pour la première fois, plaçait les pays étrangers devant un fait accompli. On inaugurait ainsi la politique des coups de force. D'autre part, pour que les entrepreneurs acceptent de tirer des traites à court terme, il fallait que la confiance fût revenue : le capital refusait sa confiance aux instables gouvernements du centre, menacés par une opposition d'extrême-droite. Hitler, on l'a vu, ne parvint au pouvoir qu'avec l'accord des milieux financiers : il offrait la garantie d'un gouvernement fort et stable ; les capitaux cessèrent de se cacher.

Ce système n'était cependant pas sans danger. L'institution des « Sperrmarks » correspondait à une dévaluation. En effet, les possesseurs étrangers de sperrmarks pouvaient céder leur créance à des gens désireux d'acheter des marchandises allemandes. Mais ceux-ci achetaient au-dessous de sa valeur officielle une monnaie infirme, qui ne pouvait sortir d'Allemagne. En fait, on achetait à Paris des sperrmarks à 20 % de la valeur du mark officiel. De même, les traites à court terme, négociables, constituaient, en se multipliant, un danger d'inflation. Dans l'esprit de Schacht, ces mesures étaient provisoires, et destinées seulement à la remise en marche de l'économie. En fait, l'économie allemande ne redevint jamais « normale ». Cela tient surtout au fait qu'une grande partie de la production allemande fut, malgré l'élargissement du marché intérieur, absorbée d'une manière improductive dans les armements et la guerre. La dette intérieure augmenta sans cesse : de 10 milliards de marks en 1933, elle passa à 25 milliards en 1939 et à 110 milliards en 1943 ; la circulation fiduciaire passe de 3 560 millions en 1932 à 11 000 millions en 1939 et à 33 683 millions en 1943. La politique d' « inflation dirigée » qui fut substituée à la politique de déflation de Bruning, n'évita pas finalement les plus grandes difficultés ; « le secret de la « réussite » de cette politique », a-t-on écrit, « a consisté à reculer l'échéance d'une crise économique que la situation objective de l'économie allemande rendait inévitable » (Bettelheim).

Il ne faut pas dire, d'autre part, que cette politique d'autarcie aurait pu réussir, si elle n'avait eu à supporter le poids des armements et de la guerre. Ce n'est pas par hasard, en effet, que l'autarcie s'accompagna d'une politique belliqueuse. Dans un discours qu'il prononça à Hanovre, le 19 juin 1932, Schacht qualifie l'autarcie de « moyen de combat ». « L'autarcie », dit-il, « entraîne entre les différents pays, une si grande différence de standard économique, qu'il en résulte nécessairement des dangers culturels et politiques ». « Certes », ajoute-t-il, « la richesse est une force, mais une consolante loi de nature veut que le désespoir aussi donne de la force...

Nous vivons en Allemagne dans un effondrement économique et des dettes telles, que rien de pire ne peut plus nous arriver. Toute la pression politique que l'on pourrait exercer sur nous du dehors ne saurait désormais améliorer la situation de nos adversaires. » La politique d'autarcie inaugurée en 1933, est donc consciemment une politique de désespoir ; elle recèle déjà le danger de guerre. Elle condamne l'Allemagne à l'isolement et à la médiocrité. Tout l'effort consistera à s'armer, pour étendre par la force, vers les pays plus riches, les limites de « l'Etat commercial fermé ».

II. — Politique agraire

L'économie autarcique avait comme première condition une vigoureuse politique agraire. C'est à quoi s'employa le ministre Walther Darré. Il s'agissait d'enrayer l'exode vers les villes, de fixer le paysan à sa terre et d'améliorer le rendement de la production agricole. On eut recours essentiellement à deux mesures : l'institution du « domaine héréditaire » *(Erbhof)*, l'organisation de la « corporation nourricière » *(Reichsnährstand)*.

1. L'*Erbhof* fut institué par la loi du 29 septembre 1933, complétée par le décret du 21 décembre 1936. Une loi du 14 juillet 1933, qui prévoit le morcellement des très grandes propriétés, ne fut pratiquement pas appliquée. En revanche, la propriété paysanne de moins de 125 hectares est déclarée indivisible, incessible et insaisissable. Elle ne peut être transmise que tout entière et par héritage, au profit d'un des enfants, désigné par le père. Cette mesure fut, au début, bien accueillie. Mais le paysan eut plus de peine à emprunter, sa propriété

étant insaisissable ; et il fut attaché à sa terre, même si celle-ci était de revenu médiocre.

2. Le *Reichsnährstand* fut créé par les lois du 15 juillet, des 13 et 26 septembre et du 9 décembre 1933. Tous les éléments contribuant à la production agricole (propriétaires, ouvriers agricoles, sociétés de crédit agricole, coopératives, industries de transformation, etc.), sont groupés dans chaque cercle en « paysannerie » de cercle. Ces paysanneries sont réunies à leur tour en dix-neuf sections, correspondant aux Etats du Reich. Les chefs des paysanneries étaient nommés. Le Reichsnährstand comprend trois sections : 1. La « section de la ferme » a pour but d'améliorer les conditions techniques de la production. 2. La « section de l'homme » règle les problèmes de personnel, de salaires, etc. Les syndicats agricoles ont été dissous en mars 1934 Les propriétaires sont autorisés à appliquer à leur personnel des amendes et même des châtiments corporels. On étend le système du salaire en nature, ou celui des *Heuerlinge*, selon lequel, en échange de la cession d'un petit lopin de terre, l'ouvrier agricole doit un certain nombre de journées de travail gratuit. Une loi du 15 mai 1934 interdit d'embaucher à la ville les travailleurs employés dans l'agriculture au cours des trois années précédentes. Comme ces mesures ne parviennent pas à empêcher l'exode vers la ville, on institue les services de la *Landhilfe* et du *Landjahr*, qui fournissent aux paysans une main-d'œuvre gratuite. Un décret du 4 janvier 1939 contraint toutes les jeunes femmes de moins de vingt-cinq ans à un an de service gratuit comme fille de ferme, avant de pouvoir s'engager dans l'administration ou dans le commerce. 3. La « section du marché » s'occupe des prix. Pour chaque groupe

de produits agricoles (céréales, produits laitiers, etc.), existent des « ententes » régionales, dont le président est désigné. Ces ententes sont réunies, pour chaque produit, en « unions centrales » sur le plan national. Les ententes fixent les quantités qui doivent être livrées et stockées ; elles décident des prix. Cette organisation bureaucratique se heurta au début à la résistance des paysans : il fallut la faire respecter par la police, menacer les récalcitrants de fortes amendes et même de prison.

Les résultats de cette organisation de l'agriculture furent cependant assez bons. Il n'empêche que, le manque de devises pour l'importation des denrées essentielles coïncidant avec de mauvaises récoltes, on se trouva en 1936 devant une situation difficile, qui faillit rendre nécessaire l'institution de cartes de rationnement. C'est en partie à la suite de cette crise que Schacht, en désaccord avec Gœring, abandonna en 1937 le ministère de l'Economie. Il avait posé en principe, dans son discours de 1932, que l'Allemagne pouvait se suffire à elle-même sur le plan agricole. L'expérience démentait cette théorie, que la constitution de stocks alimentaires en vue de la guerre rendait définitivement utopique.

III. — Organisation de l'industrie
Les plans de quatre ans

Dès l'arrivée du national-socialisme au pouvoir, un programme de grands travaux fut mis en œuvre. Pour l'essentiel, il reprenait les projets du Dr Gereke, que Bruning avait nommé commissaire aux Travaux publics : construction de routes et de canaux, de logements d'habitation, défrichements et assèchements, etc. Ce programme, interrompu en 1932, fut repris, grâce au moyen de financement qui a été décrit plus haut. Sous la direction, essentiellement, de l'ingénieur Todt, un vaste plan d'équipement fut réalisé ; la partie la plus spectaculaire fut la construction d'un magnifique réseau d'autostrades, qui occupa à elle seule deux cent mille ouvriers.

En 1936, il apparut cependant que le « nouveau plan », instauré par Schacht en 1934, ne suffirait pas à équilibrer la balance commerciale. Au Congrès de Nuremberg de septembre 1936, Hitler proclama le début d'un nouveau « plan de quatre ans ». Le fait que le général Gœring en fut nommé directeur, prouve assez quelle part les armements occupaient dans ce plan.

L'administration du plan comporte six sections : produits de remplacement, matières premières, main-d'œuvre, agriculture, prix, devises. Par l'attribution des matières premières et des devises, par les subventions aux industries jeunes, encore peu rentables (essence et caoutchouc synthétiques, par exemple), l'Etat oriente l'économie. En outre, par la constitution des *Hermann Gœring-Werke*, en juillet 1937 il intervient d'une manière plus directe encore : il s'agit d'entreprises étatisées, limitées aux mines de fer et à la métallurgie et destinées, dans un secteur particulièrement important de l'industrie d'armement, à se substituer à l'initiative privée ; en effet, le traitement des minerais allemands, à faible teneur de métal, risquait d'être peu rentable pour les capitaux.

L'industrie allemande progresse rapidement. Si l'on prend pour base cent l'année 1932, l'indice, en juin 1939, est de deux cent vingt-cinq. La production, à la veille de la guerre, dépasse de 33 % celle de 1928 ; elle représente 11 % de la production mondiale et l'Allemagne a pris la deuxième place, juste derrière les Etats-Unis. Cependant, la part des biens de consommation est minime dans le progrès de l'industrie : en 1939, ils ne dépassent que de 45 % le niveau très bas de 1932, ce qui signifie, si l'on tient compte de l'annexion de l'Autriche et de la Bohême-Moravie, une stagnation presque complète.

IV. — Socialisme ou capitalisme ?

La distribution des devises pour l'importation, l'organisation du marché agricole, la réalisation des plans de quatre ans, indiquent que l'économie hitlérienne fut une économie planifiée. De là vient qu'on prit longtemps l'hitlérisme pour un socialisme autoritaire. Mais cette vue est très fausse.

Notons d'abord que le plan de quatre ans n'entendait pas planifier l'ensemble de l'économie allemande : il ne s'applique qu'à un secteur très délimité de l'industrie. Le régime hitlérien s'est efforcé, au contraire, de sauvegarder l'initiative privée ; il s'est éloigné, autant qu'il l'a pu, d'une économie étatisée.

En 1933, l'Etat possède la majorité des actions dans la plupart des grandes banques : il les avait acquises au cours des années précédentes, pour sauver ces banques de la faillite. Le premier soin du régime hitlérien est de « reprivatiser » le système bancaire. En 1937, l'Etat a liquidé toutes ses participations dans les grandes banques. La loi du 4 décembre 1934, repoussant la mainmise sur les banques, institue seulement un « contrôle élastique ». La tendance antérieure se renverse complètement : l'effort économique de l'Etat est financé essentiellement par les grandes banques, qui deviennent ainsi les principaux créanciers de l'Etat. En 1932, les valeurs à revenu fixe étaient détenues dans la proportion de 27 % par les banques et les assurances (donc de 63 % par le public) ; en 1940, les banques en détiennent 57 %, le public 43 % seulement.

L'industrie prend de plus en plus, pendant les douze années du régime hitlérien, la forme de cartels et de trusts. Le programme du parti, on se le rappelle, était hostile aux trusts et voulait sauvegarder les positions de la classe moyenne. Dans les premières semaines du régime, en effet, les grands magasins et les sociétés de consommation furent boycottés. Mais cela ne dura pas : en fait, la petite bourgeoisie fut, plus que jamais, éliminée au bénéfice du grand capital. Une loi du 15 juillet 1933 permet à l'Etat de constituer des cartels obligatoires. En 1932, 84 % du capital des sociétés par actions est engagé dans des trusts : trois ans plus tard, ce pourcentage s'élève à 90 %. Une loi sur les sociétés par actions retire à l'Assemblée presque toutes ses prérogatives pour les transférer au Conseil d'administration.

La planification national-socialiste correspondit donc, pour l'essentiel, à une accélération de la concentration capitaliste. Il suffit de considérer l'augmentation du chiffre des profits industriels et commerciaux pour voir combien l'économie hitlérienne était éloignée de tout socialisme ; de 6,6 milliards de marks en 1933, ce chiffre passe, en 1938, à 15 milliards.

V. — Prix et salaires

Le national-socialisme, hanté par le souvenir de l'inflation de 1923, attacha la plus grande importance à la stabilité des salaires et des prix. Il y parvint à peu près, même pendant la période de guerre.

Il y eut une légère tendance à la hausse qui, en 1939, atteignit, pour les prix de gros, environ 25 % des tarifs de 1933. On évita partiellement la répercussion de cette hausse sur les prix de détail, en limitant les marges bénéficiaires du commerce. Les prix de détail augmentèrent de 10 à 15 % environ.

Un décret de 1936 autorisa les curateurs du travail à abaisser les salaires lorsqu'ils étaient « susceptibles de compromettre la réalisation du plan de quatre ans ». Cependant, les salaires montèrent légèrement après 1938, quoique moins rapidement que les prix. Ils dépassèrent le niveau très bas de 1933, sans cependant atteindre jamais le niveau de 1928. Mais le chômage avait disparu.

Chapitre III

POLITIQUE INTÉRIEURE PERSÉCUTIONS ET CRISES

I. — La politique antisémite

L'antisémitisme fut le trait permanent de la dictature hitlérienne. Mais les persécutions contre les Juifs eurent lieu par vagues successives.

La première vague de persécution eut lieu en avril 1933. Les hitlériens feignirent de considérer les premiers Juifs émigrés comme responsables des préventions de l'étranger envers la nouvelle Allemagne. Pour faire cesser ce qu'ils nommaient des « histoires de brigands », *(Greuelmärchen)*, Streicher organisa, sur l'ordre de Hitler, une journée de « boycott » pour le 1er avril. « La grandeur d'âme », écrit Gœbbels, « n'en impose pas aux Juifs. Il faut leur montrer que nous sommes résolus à tout... Quelques-uns pensent que le boycott peut mener à la guerre ; si nous savons nous défendre, nous ne recueillerons, au contraire, que plus d'estime ». Le 1er avril, donc, les boutiques juives sont envahies par les S.A., les Juifs sont frappés et pillés ; on placarde à la porte des magasins : « Boutique juive ! Allemands, n'achetez pas ici ! » L'action devait reprendre trois jours plus tard ; mais l'indignation fut telle à l'étranger, que les nazis, encore soucieux de l'opinion internationale, se contentèrent provisoirement de cette manifestation unique.

Mais, en ce même mois d'avril 1933, quatre lois sont promulguées successivement, qui éliminent les Juifs de l'administration et du barreau et imposent un *numerus clausus* aux étudiants (1,5 %). Peu à peu, les non-aryens sont éliminés du commerce, de la banque, de l'édition, etc. Au début, à la demande, dit-on, de Hindenburg, ces mesures ne furent pas appliquées aux Juifs qui avaient combattu pendant la Grande Guerre, ni à ceux dont le père ou le fils était mort pour la patrie. Mais, bientôt, on considéra comme non-aryen celui dont un des quatre grands-parents était Juif. De même, on toléra d'abord le mouvement sioniste ; puis on le combattit au même titre que les mouvements assimilationistes.

La seconde vague se produisit en 1935, avec les lois dites de Nuremberg. Pour être citoyen allemand, il faut être de sang aryen. Les Juifs perdent donc leurs droits civiques ; ce ne sont plus que des étrangers tolérés sur le sol allemand. Encore l'accès des lieux publics (jardins, théâtres, piscines, etc.) leur est-il interdit. Les anciens combattants juifs furent expulsés des fonctions publiques qu'ils occupaient encore. Toute relation sexuelle entre Juifs et Aryens constitua le crime de « profanation raciale » *(Rassenschande)*, puni de travaux forcés.

Au début, cependant, les arrestations de Juifs furent relativement peu nombreuses : jusqu'en 1938, elles ne dépassèrent sans doute pas vingt mille. On toléra, on encouragea même l'expatriement des Juifs : ils devaient seulement abandonner, en quittant l'Allemagne, une grande partie de leur fortune. Des négociations furent menées avec l'étranger ; grâce à un « impôt » prélevé sur les émigrés riches, un fonds commun d'émigration fut constitué. Mais, en 1938, les dispositions du gouvernement changèrent : l'Allemagne refusa de conférer avec le « Comité d'Evian », suscité par Roosevelt pour régler le problème des Juifs allemands.

L'assassinat, à Paris, du conseiller d'ambassade von Rath, par le jeune Juif Grünspan, en novembre 1938, ne fut qu'un prétexte pour déclencher une troisième vague de persécutions. Celles-ci prirent cette fois, au cours de ce qu'on nomma la « semaine de cristal », l'allure de véritables pogromes ; on incendia les maisons juives et les synagogues ; on imposa aux Juifs une « amende » d'un milliard de marks ; on les obligea à porter l'étoile jaune, etc. En outre, à l'approche de la guerre, en 1939, on interdit aux Juifs de quitter l'Allemagne.

C'est alors que commença l'extermination systématique qui, à partir de 1941, fut étendue aux Juifs des pays occupés. Le chef S.S. Adolf Eichmann fut chargé de ce travail. Les Juifs furent déportés en masse dans les camps, soumis à un régime plus rigoureux et plus cruel encore que les autres détenus. On estime que plus de trois millions de Juifs périrent dans les chambres à gaz. Les Juifs de Pologne et de Hongrie furent groupés dans des ghettos et méthodiquement éliminés. A Varsovie, après que plus de cinq cent mille Juifs eurent été déportés, les derniers survivants du ghetto livrèrent en avril 1943 une lutte sans espoir contre les S.S., qui demeurera comme un des plus grands actes d'héroïsme de l'histoire.

II. — La lutte contre les Eglises

Le national-socialisme a toujours été anticlérical. Pour Rosenberg, pour Martin Bormann, la lutte contre le christianisme est un des éléments essentiels du régime. Cependant, le 1er février 1933, Hitler, soucieux encore de rassurer l'opinion, affirmait, dans une proclamation au peuple allemand, que son régime « prendrait sous sa protection le christianisme, fondement de la vie morale ». Il le répétait, le 23 mars, en demandant les pleins pouvoirs. Mais cette attitude conciliante ne dura pas.

1. **Les catholiques.** — Le Centre catholique, avec son chef, le chanoine Kaas, avait voté les pleins pouvoirs à Hitler le 23 mars. Cette faiblesse ne fut pas récompensée : avant même que la loi du 14 juillet 1933 n'ait déclaré le N.S.D.A.P. parti unique, le Parti du Centre avait dû décider sa propre dissolution, « afin de permettre à ses membres de mettre sans réserve leurs forces et leur expérience à la disposition du Front national, pour collaborer avec lui, sous la direction du Chancelier d'Empire, à affermir la situation nationale, sociale, économique et culturelle et pour participer à l'édification d'un nouvel ordre politique ».

Au même moment, le vice-chancelier von Papen, après avoir fondé une association de catholiques favorables au national-socialisme, « L'Aigle et la Croix », négociait à Rome avec le cardinal Pacelli (le futur Pie XII) un Concordat, qui fut signé le 20 juillet 1933. Von Papen rapporte dans ses mémoires que le Pape Pie XI lui exprima « sa joie de voir, en Hitler, à la tête du gouvernement allemand, une personnalité résolue à une lutte sans compromis contre le communisme et le nihilisme ». Mussolini assura le ministre que « la signature du Concordat avec le Saint-Siège donnerait au gouvernement allemand le crédit extérieur qui lui manquait encore ». Et, en effet, ce traité contribua à asseoir le prestige encore mal établi du nouveau régime.

L'Eglise levait, pour les catholiques, l'interdiction d'adhérer au Parti nazi. En échange, l'Etat acceptait le principe des écoles conventionnelles et tolérait les ordres enseignants.

Les signataires du Concordat n'ignoraient pas, cependant, que le national-socialisme avait, dès ce moment, engagé la lutte contre l'Eglise catholique. Bientôt, Gœbbels et Heydrich font intenter des procès à des moines sous prétexte d'attentat aux mœurs ; on arrête des religieuses en invoquant le délit de trafic de devises. Hitler ne tiendra aucune de ses promesses. Il n'autorisera pas les prêtres à enseigner ; il dissoudra les Jeunesses catholiques ; il interdira l'Action catholique (dont le chef, Erich Klausener sera assassiné le 30 juin 1934). Le Concordat aura été une lourde erreur.

Le seul bénéfice qu'en tirèrent les catholiques fut une relative tolérance du gouvernement envers le haut clergé. Des prélats, comme le cardinal Innitzer, archevêque de Vienne, eurent pour le régime la plus coupable indulgence. Mais d'autres, comme le comte Galen, évêque de Munster, profitèrent de leur partielle liberté pour critiquer le gouvernement dans leurs sermons, qui, imprimés, circulaient ensuite sous le manteau.

2. **Les protestants.** — Tandis qu'il tentait d'éliminer les catholiques, l'hitlérisme essaya, au contraire, d'enrégimenter les protestants dans une Eglise nationale. La tradition luthérienne ne s'opposait pas à cette direction politique des Eglises, et beaucoup de pasteurs militaient dans les rangs hitlériens. Mais le régime voulut intervenir dans les questions de foi, accommoder le dogme chrétien à la mode national-socialiste, éliminer toute la partie judaïque des Ecritures, faire du racisme un article

de foi, etc. Les protestants ne pouvaient admettre ces exigences. Le Parti suscita une association de « Chrétiens allemands », dirigée par le pasteur Hossenfelder et un ancien aumônier militaire, le pasteur Muller. Les Chrétiens allemands purent conquérir certaines paroisses, mais la majorité des pasteurs fit front contre cette tendance en se groupant en une « Eglise confessionnelle » *(Bekenntniskirche)* sous la direction du pasteur von Bodelschwingh. Celui-ci fut élu évêque du Reich, mais le gouvernement ne voulut pas reconnaître l'élection et, sous la contrainte, fit élire Muller à sa place. Hindenburg protesta auprès de Hitler contre ces méthodes ; Hitler promit de recevoir les chefs des deux tendances, mais fit savoir, quelques jours plus tard, au maréchal, que ses efforts avaient échoué « devant l'intolérance et le dogmatisme théologiques » des deux partis. La majorité des pasteurs ne voulut pas reconnaître l'évêque Muller. Alors commence une résistance sourde, qui entend rester sur le plan religieux, mais que son action entraîne vite dans le domaine politique. L'âme de cette résistance est un pasteur de Berlin, Martin Niemöller, ancien officier de marine (plus tard un des plus actifs défenseurs du neutralisme allemand). Il est inculpé en 1937, acquitté par le tribunal, mais envoyé par mesure policière en camp de concentration, où il resta jusqu'à la fin de la guerre.

Cependant, le ministre des Cultes, Rust, ne parvenait pas à mettre fin au schisme larvé de l'Eglise protestante. Kerrl, ministre prussien de la Justice, convoque un synode chargé de restaurer l'ordre, en séparant les questions spirituelles des questions pratiques et financières, ces dernières relevant seules du contrôle de l'Etat. L'hitlérisme cédait donc devant la résistance protestante.

Ces mesures d'apaisement ne parvinrent pas cependant à rallier au régime le clergé protestant. L'évêque de Wurtemberg, Wurm, s'opposa en 1940 à l'élimination légale des aliénés incurables ; en 1943, il protesta contre les atrocités allemandes dans les pays occupés. De nombreux pasteurs participèrent au mouvement de résistance. Ainsi, Dietrich Bonhoeffer, professeur à l'Université de Berlin.

III. — La crise de 1938

Les partis et les syndicats avaient été éliminés dès les premiers jours du régime. Le conflit avec les Eglises, qui ne cessa jamais, fut cependant virulent surtout pendant les premières années. Les dissensions intérieures du Parti national-socialiste, qui existèrent toujours, ne parurent au grand jour, que pendant les derniers mois, juste avant la débâcle.

Le seul élément capable d'animer l'histoire intérieure du national-socialisme était la Wehrmacht. Hitler voulait édifier son régime sur les deux « piliers » du Parti et de l'armée. Mais l'équilibre était difficile à maintenir : l'opposition entre ces deux institutions exprimait le double caractère du national-socialisme, qui se voulait à la fois conservateur et révolutionnaire. Le conflit n'était guère évitable. Le 30 juin 1934, l'armée l'avait emporté sur les S.A. Mais, depuis lors, s'était développé le pouvoir des S.S. et le même problème se posait à nouveau.

Il n'y eut pas de coupure dans l'histoire intérieure de l'hitlérisme au pouvoir, pas de renversement de la politique. La dictature va sans cesse de l'avant dans la direction qu'elle a choisie dès le début. Néanmoins, il arriva un moment où les éléments conservateurs, qui avaient fait d'abord route commune avec Hitler, prirent peur des excès du régime et de la politique imprudente qu'ils le voyaient mener. Hitler, de son côté, supporta de plus en plus impatiemment les réticences de ses conseillers ; il n'accepta plus autour de lui que des adeptes fanatiques, décidés à le suivre, quoi qu'il fît. En outre, un certain ressentiment social en face de l'aristocratie conservatrice l'incita à rompre son alliance avec elle, dès qu'il jugea pouvoir le faire sans danger. Cette crise intérieure se produisit en 1938.

Le réarmement allemand avait commencé dès les premiers jours du régime. Mais sa cadence s'accéléra beaucoup vers 1937-1938, plaçant l'économie devant le péril d'inflation. Un protocole secret, dit « protocole Hossbach », en date du 5 novembre 1937, prouve qu'à cette date Hitler est résolu à la guerre et qu'il s'y prépare. Le 4 février 1938, il remplace au ministère des Affaires étrangères le baron von Neurath par von Ribbentrop ; Neurath est nommé président d'un « Conseil de Cabinet secret », qui n'entra jamais en fonctions. En même temps, le personnel diplomatique est renouvelé : von Papen est rappelé de Vienne, von Hassel et von Dirksen respectivement de Rome et de Tokio. Peu avant, le baron Eltz von Rubenach, ministre des Transports, avait abandonné son poste. C'est aussi le moment où la Gestapo, qui se confond maintenant avec les S.S., multiplie les arrestations, et où commencent les persécutions systématiques contre les Juifs.

Dans cette évolution générale, l'armée ne fut pas épargnée.

IV. — Les affaires Fritsch et Blomberg

La « purge » du 30 juin 1934 n'avait été possible que grâce à l'appui que trouvait Hitler dans l'armée, en particulier auprès du ministre de la Guerre, von Blomberg et auprès du général von Reichenau. Avec von Schleicher avait disparu le général le plus ouvertement hostile au nouveau régime. Cependant, après les événements de juin 1934, le commandant en chef de la Wehrmacht, von Fritsch et le chef d'état-major général, le général Beck, avaient essayé d'obtenir de Blomberg la nomination d'une commission d'enquête, pour examiner les fautes imputées à Schleicher. Blomberg s'y était refusé.

Au début de 1938, Blomberg et Fritsch vont, en peu de jours, disparaître l'un et l'autre de la scène. Le 12 janvier, le maréchal von Blomberg épouse une demoiselle Eva Gruhn ; Hitler et Gœring sont ses témoins. Cette jeune femme avait un passé peu recommandable et figurait sur les fiches de la police. Deux semaines plus tard, le 25 janvier, Hitler fait savoir au maréchal von Blomberg, qu'un mariage pareillement scandaleux lui interdit de conserver son poste et le révoque de ses fonctions de ministre de la Guerre.

Le même jour, von Fritsch est convoqué à son tour. On a ressorti contre lui un dossier de la Gestapo de 1935, où il est impliqué dans une affaire d'homosexualité ; un jeune garçon, qu'on vient d'extraire de prison, le reconnaît formellement. Le 3 février, von Fritsch est relevé de ses fonctions. Un Conseil de guerre, formé du général von Brauchitsch, de l'amiral Raeder et de deux magistrats et présidé par le maréchal Gœring, s'ouvre le 10 mars. Là, la vérité éclate : le dossier a été falsifié ; il ne concerne pas von Fritsch, totalement innocent, mais un obscur capitaine von Frisch. Le général est réhabilité, mais ne reprend pas ses fonctions. On fait disparaître par assassinat les comparses de cette affaire. Von Fritsch, après avoir vainement tenté de faire châtier Himmler, auteur de la falsification, se fit tuer, volontairement sans doute, devant Varsovie, le 21 septembre 1939.

Le lien entre les affaires Fritsch et Blomberg n'est pas encore bien éclairci. Pour certains, les deux scandales furent machinés par Gœring, qui, désirant pour lui-même le poste de ministre de la Guerre, avait éliminé ses deux principaux concurrents. Pour d'autres, c'est l'armée qui exigea, contre Hitler, le renvoi de Blomberg, l'affaire Fritsch constituant la revanche du Parti contre la Wehrmacht. Cette deuxième interprétation paraît plus probable : ni Hitler ni Blomberg n'ignoraient le passé d'Eva Gruhn avant le mariage ; Hitler n'avait pas d'intérêt à éliminer Blomberg, qui lui était très soumis ; la Wehrmacht, en revanche, aimait peu cet officier, entièrement acquis au régime ; Gœring n'obtint pas le poste qu'on veut qu'il ait convoité ; Blomberg fut traité sans rigueur après son départ, et le général qui bénéficia de tout ce mouvement fut Keitel, étroitement attaché à Blomberg (son fils avait épousé une fille de Blomberg). Fritsch, au contraire, avait gardé une certaine indépendance en face de Hitler, à qui il reprochait l'imprudence de sa politique.

En tout cas, Hitler utilise promptement le scandale von Blomberg pour prendre en main la Wehrmacht. Von Fritsch est remplacé comme commandant en chef par von Brauchitsch (qui conservera ces fonctions jusqu'en 1941). Le ministère de la Guerre est supprimé ; au-dessus du haut-commandement des forces terrestres (O.K.H.), il y aura désormais un « commandement des forces armées » (*Oberkommando der Wehrmacht* : O.K.W.), sorte d'état-major particulier de Hitler, à la tête duquel est placé le général Keitel. L'action personnelle de

Hitler et du Parti sur l'armée s'était considérablement accrue. Les généraux acceptèrent sans protester ce remaniement. Le plus indépendant d'entre eux, le chef d'état-major Beck, dut comme on va le voir, donner sa démission au mois de septembre de la même année, remplacé par le général Halder.

Hitler avait désormais en main l'arme de ses conquêtes : le 3 février 1938, Fritsch est licencié, le 12 mars, Hitler envahit l'Autriche.

V. — Naissance des mouvements de résistance (1938-1942)

1. **Nature de la résistance.** — Jusqu'en 1938, il n'y eut en Allemagne aucune résistance organisée. Les opposants se contentèrent d'abord de récriminer sans songer à agir. L'armée acceptait le régime. « Avant 1938-1939 », dit le maréchal von Blomberg dans sa déposition au procès de Nuremberg, « les généraux allemands ne s'opposèrent pas aux méthodes de Hitler. Il n'y avait aucune raison de leur résister, du moment que les résultats obtenus satisfaisaient leurs exigences ».

Après les remaniements gouvernementaux et militaires de 1938 et les débuts de la politique de conquêtes, la situation changea. Mais sous le nom de « résistance » allemande, il ne faut évidemment imaginer rien de semblable à ce qu'on désigna de ce nom en France pendant la guerre. Les opposants se formèrent en groupes peu nombreux ; ils avaient pour objectifs, soit d'organiser des sabotages, soit d'entrer en rapports avec les services secrets de l'étranger, soit surtout de préparer des complots destinés à renverser le régime. Mais on compta bientôt parmi ces opposants quelques-unes des personnalités les plus importantes d'Allemagne.

Jusqu'aux grandes défaites de 1942 cependant, il est difficile de parler de « complot ». On n'imagine pas, dans un régime de police, une conspiration capable de se maintenir pendant six ans. Les principaux renseignements que l'on possède sur la résistance allemande sont dus aux dépositions faites au procès de Nuremberg par les « conspirateurs » survivants. Ces témoins ont certainement exagéré, pour se disculper devant le tribunal, l'importance de leur opposition au régime. Avant 1942, les groupes d'opposants avaient encore peu de contacts entre eux ; aucune action ne fut engagée ; et si l'on avait commis l'imprudence d'agir, le succès eût été peu probable.

2. **Les opposants.** — *Les milieux conservateurs.* — Les deux personnages principaux de la résistance sont le général Beck, chef d'état-major général jusqu'en 1938 et C. F. Goerdeler, bourgmestre de Leipzig et commissaire au contrôle des prix de 1933 à 1936. Goerdeler, que Bruning avait proposé en 1932 à Hindenburg pour lui succéder, était d'opinion conservatrice. Et c'est dans les milieux conservateurs que le mouvement de résistance recruta, au début, ses principaux adhérents.

A côté de Beck et de Goerdeler se groupèrent des diplomates (comme Ulrich von Hassel, ancien ambassadeur à Rome et Werner von der Schulenburg, ambassadeur à Moscou jusqu'en 1941), Johannes Popitz, ministre des Finances de Prusse, J. P. Jessen, professeur de sciences politiques à l'Université de Berlin, Albrecht Haushofer, fils du géopoliticien, etc.

Dans l'armée, on comptait au début parmi les opposants les plus actifs le général von Hammerstein, puis le général Halder et le maréchal von Witzleben. En outre, le service de contre-espionnage *(Abwehr)* mena, de son côté une vive opposition contre le régime.

Un autre groupe, dit groupe Kreisau, réunissait Helmut von Moltke, Peter Yorck von Wartenburg, Adam von Trott zu Solz (qui lia, en Suède, des contacts avec l'ambassadrice des Soviets, Mme Kollontay), etc. A côté de ces hommes, qui pratiquaient franchement l'opposition au régime, il y avait, au pouvoir, d'autres personnes qui, sans s'engager elles-mêmes, leur prêtaient une oreille bienveillante : c'était le cas du Dr Schacht, du commandant en chef von Brauchitsch, du directeur des Affaires politiques à la Wilhelmstrasse, von Weiszäcker, etc. Enfin, les « résistants » tentèrent d'agir parfois sur certains nazis, comme Gœring, à qui une sorte de bonhomie naturelle fit prêter longtemps, contre toute raison, de la sagesse et de la pondération.

Parmi ces opposants, certains, comme les membres du cercle Kreisau, étaient des idéologues : ils envisageaient, pour l'Allemagne, un régime de démocratie conservatrice, avec élections à plusieurs degrés, un Etat de structure fédérale, dirigé par les Eglises. D'autres, comme ceux qui formaient la « Société du Mercredi » (Beck, von Hassell, etc.) se gardaient de constructions aussi utopistes. Leur programme se modifia selon les exigences du moment ; mais il fut toujours d'inspiration conservatrice. Ainsi, en février 1940, des contacts eurent lieu en Suisse entre von Hassell et un émissaire du ministre anglais Lord Halifax Von Hassell accorda à son interlocuteur que « la monarchie était très souhaitable », bien que ce ne fût qu'un « problème pour le deuxième acte ». Il souligna qu'un traité de paix avec une nouvelle Allemagne non hitlérienne devrait, en tout état de cause, « laisser la réunion de l'Autriche et des Sudètes au Reich en dehors de toute discussion... La frontière germano-polonaise devrait être à peu près identique à la frontière allemande de 1914 ». Il va de soi qu'après les défaites de 1942, ces exigences durent être abandonnées. De même, en politique intérieure, le pouvoir devait être remis provisoirement après la chute de Hitler, à un « Conseil de régence », qui élaborerait lui-même une constitution, sans qu'il fût question de soumettre ensuite cette constitution à un plébiscite ; le plan prévoyait également le maintien du Service du Travail.

La résistance de gauche. — On connaît mal la résistance proprement communiste pendant les premières années du régime hitlérien. Sans doute, quelques cellules furent-elles maintenues ; mais des chefs importants du Parti étaient arrêtés (Thaelmann, Tœrgler), d'autres avaient cherché refuge en U.R.S.S. En tout cas, toute résistance communiste cessa aussi longtemps que dura l'alliance germano-russe, c'est-à-dire de 1939 à 1941.

Quelques chefs de la social-démocratie s'étaient eux aussi exilés ; certains, comme Breitscheid ou Hilferding, furent retrouvés par la Gestapo après les conquêtes allemandes, et moururent dans des camps. D'autres dirigeants, comme Severing ou Paul Lœbe, très surveillés par la police, ne rejoignirent que tard les mouvements de résistance. Mais, au cours des premières années, le Comité exécutif de la social-démocratie, réfugié à Prague, réorganisa sous le nom de « Sopade » (*Sozialistische Partei Deutschlands*) une ébauche de parti, qui fit passer des fonds pour les imprimeries clandestines, prépara l'évasion des personnes menacées, en particulier des Juifs, et entretint un service de renseignements dont les « bulletins verts » parvenaient, dans différents pays, jusqu'aux ministères des Affaires étrangères. Après 1938, le « Sopade » se réfugia à Paris ; puis, en 1940, il disparut. On vit naître alors plusieurs groupements d'inspiration socialiste. Les deux personnalités les plus marquantes furent l'ancien député Mierendorff et Theodor Haubach, qui avait été, dans les dernières années de la République de Weimar, un des fondateurs de la milice socialiste, la *Reichsbanner*.

Les milieux syndicalistes contribuèrent, eux aussi, à la résistance. Wilhelm Leuschner, ancien vice-président des syndicats libres, fut un des plus actifs résistants. Venu des syndicats chrétiens, Jakob Kaiser, participa lui aussi à l'activité clandestine.

3. **Projets avortés.** — Les syndicats clandestins essayèrent d'organiser des arrêts de travail : Leuschner tenta, en 1938, de déclencher une grève des chemins de fer. Mais le Front du Travail était trop solide pour que de tels projets aient eu chance de succès.

La résistance conservatrice, qui avait des intelligences dans l'administration et dans l'armée, voulut, de son côté, freiner les entreprises belliqueuses de Hitler ; en même temps, elle envisagea, dit-on, dès 1938, d'éliminer par la force le régime hitlérien.

Il n'est plus douteux aujourd'hui que la politique guerrière de Hitler fut toujours imposée par le Führer lui-même à un état-major réticent et inquiet. Seul, l'O.K.W., avec Keitel et Jodl, suivait aveuglément ses instructions.

La crise Blomberg-Fritsch avait précédé de peu, au printemps 1938, la conquête de l'Autriche. Quelques mois plus tard, quand se précisèrent les projets contre la Tchécoslovaquie, le général Beck présenta à l'état-major un mémorandum hostile à cette entreprise, d'où devait sortir, selon lui, une guerre générale que l'Allemagne n'était pas en mesure de soutenir. Beck informa, dit-on, l'Angleterre des projets de Hitler en l'invitant à se montrer ferme. Mais Hitler restant inflexible, Beck démissionna de ses fonctions de chef d'état-major.

Son successeur, le général Halder, a affirmé au procès de Nuremberg, qu'il avait préparé aussitôt, avec le maréchal von Witzleben, un putsch militaire : dès que l'ordre aurait été donné d'attaquer la Tchécoslovaquie, Hitler devait être assassiné, sa mort camouflée en accident ; une junte militaire, dirigée par von Brauchitsch assumerait provisoirement le pouvoir. Comme l'entrevue de Berchtesgaden entre Chamberlain et Hitler n'avait pas arrêté les préparatifs militaires de l'Allemagne, les conspirateurs avaient, dit-on, fixé au jeudi 29 septembre le déclenchement de l'action. Mais, on apprit, le mercredi 28, que Chamberlain et Daladier se rendaient à Munich pour négocier un accord. Le danger de guerre était écarté ; on renonça au putsch. L'Angleterre, qui avait été mise au courant de ces projets, avait sans doute ressenti peu de confiance dans le succès de l'entreprise.

Les mêmes projets, menés par le même général Halder, furent, dit-on, encore repris au printemps 1939, quand se préparait la conquête de Prague. Mais la guerre générale fut, en dépit des prévisions, retardée de quelques mois encore ; et Hitler ne fut pas inquiété.

Il ne faudrait pas, cependant, accorder trop de crédit à ces plans de l'état-major. Car, quand la guerre éclata vraiment, en septembre 1939, aucun complot n'écarta Hitler du pouvoir. La conclusion inattendue du pacte germano-russe interrompit tous les projets. Les opposants avaient, pendant la crise, multiplié les contacts avec l'Angleterre. Mais la Pologne fut envahie, la population polonaise traitée par les S.S. avec une horrible rigueur, sans que l'état-major ait rien tenté. D'ailleurs, dans son journal, U. von Hassel ne cesse d'incriminer l'indécision et l'étroitesse de vue des chefs militaires.

Après le début des hostilités, la série des complots avortés continua. Von Hammerstein, nommé à un commandement sur le Rhin, projeta, en septembre 1939, d'utiliser une visite de Hitler à son quartier général, pour l'arrêter : Hitler ne vint pas. Au début de novembre 1939, un putsch devait avoir lieu à Berlin : au dernier moment, on crut le complot éventé et on y renonça. Parallèlement, les « conjurés » tentaient, toujours inutilement, d'inciter les commandants d'armées à la désobéissance. Les uns jugeaient la révolte impossible ; d'autres étaient grisés par les succès de Hitler ; d'autres encore estimaient une paix de compromis désormais impossible. L'opposition se contenta d'avertir, avant avril 1940, le Danemark et la Norvège, avant mai 1940 la Belgique et la Hollande du sort qui les menaçait. Les débuts de la campagne de Russie, en 1941, provoquèrent dans l'état-major de profonds remous : mais aucune décision ne fut prise, même après que von Brauchitsch eut été, en décembre 1941, relevé du commandement en chef après son échec devant Moscou.

Un attentat cependant avait eu lieu, mais il n'avait, semble-t-il, aucun rapport avec les plans des « conjurés ». Le 9 novembre 1939, Hitler était venu, comme chaque année, célébrer au Bürgerbräu de Munich le souvenir du putsch de 1923. Dix minutes après son départ, une bombe éclata. On arrêta l'auteur de l'attentat, un menuisier du nom de Georg Elser. Cet événement reste encore mystérieux. Hitler incrimina sans preuves l'Intelligence Service et Otto Strasser. D'autres pensèrent à une organisation secrète socialiste. D'autres encore imaginent que l'attentat fut mis en scène par le Parti lui-même, pour justifier une répression. Mais, en fait, aucune répression d'envergure n'eut lieu. Et le plus vraisemblable est qu'Elser, comme il l'affirma lui-même, était un anarchiste isolé, qui avait agi sans ordres.

VI. — Evolution interne du Parti

Les remaniements de 1938 avaient laissé les nazis proprement dits seuls maîtres du pouvoir. C'est désormais à l'intérieur du Parti que se jouent les rivalités et les intrigues.

Au moment où éclatait la guerre générale, Hitler voulut régler sa succession. Un décret du 1er septembre 1939 désigna en première ligne Hermann

Gœring, en second lieu Rudolf Hess. Mais Gœring, couvert de titres et de richesses, vit cependant bientôt décliner son pouvoir réel. La Luftwaffe, dont il était responsable, s'avéra rapidement insuffisante. Gœring s'était toujours tourné du côté des conservateurs traditionnels, qui lui témoignaient de la confiance ; le Parti s'éloigna chaque jour davantage de ces milieux. L'incompétence de Gœring dans tous les domaines éclata aux yeux de tous. On cessa de le prendre au sérieux.

Quant à Rudolf Hess, il partit en avion pour l'Angleterre le 10 mai 1941 (un mois avant l'offensive de Russie), afin d'y mener avec Lord Halifax, dont il avait fait la connaissance aux Jeux Olympiques de 1936, des pourparlers de paix. Il est hors de doute aujourd'hui que Hess entreprit ce voyage à l'insu de Hitler. Ce personnage médiocre voyait son influence diminuer dans le Parti ; il était en conflit ouvert avec Ribbentrop. Par l'intermédiaire de son ami Albrecht Haushofer, il se trouvait en contact avec les milieux Beck-Goerdeler et partageait sans doute leur pessimisme sur l'issue de la guerre. Cette désertion d'un des personnages les plus importants du Parti porta un coup sévère au régime.

Au lieu de Gœring et de Hess, les véritables détenteurs du pouvoir, à côté de Hitler, furent Himmler et Bormann. Martin Bormann avait été d'abord l'homme d'affaires de Hitler, et peu à peu, il avait supplanté Hess dans l'intimité du Führer. Hess parti, Bormann le remplaça à la chancellerie du N.S.D.A.P. Il fut désormais, comme l'a écrit Schwerin von Krosigk, « l'Eminence brune », « le Méphistophélès de Hitler ».

Son seul rival dans la faveur du maître était Himmler. Au cours de la guerre, le rôle des Waffen S.S. s'était accru toujours davantage. Elles arrivèrent à constituer trente-sept divisions. Soumises au commandement de la Wehrmacht pour la tactique, ces troupes ne relevaient, pour la discipline et l'administration, que de la direction des S.S. Le Parti était donc parvenu à ses fins : il avait dressé, à côté de l'armée régulière, une armée à sa discrétion. Et le chef de cette armée, Himmler, disposait d'un gigantesque pouvoir. En septembre 1943, il devint encore ministre de l'Intérieur. Bormann, pour l'écarter du Führer, le fit nommer, à la fin de la même année, au commandement du groupe d'armées de la Vistule. Mais, après l'attentat du 20 juillet 1944, il remplaça, à la tête de l'armée de l'intérieur, le général Fromm, qui ne paraissait plus assez sûr.

Le pouvoir des S.S. s'était accru encore, à la fin de 1943, par la disparition de l'*Abwehr*. Les principaux chefs du contre-espionnage intriguaient, on le sait, depuis longtemps contre le régime. Or, en 1943, un des membres de l'*Abwehr* fut impliqué dans une affaire de trafic de devises ; deux agents passèrent en Turquie au service des Alliés. Ce fut l'occasion, pour la Gestapo, d'éliminer les chefs de l'*Abwehr*, Canaris et Oster. Ils furent remplacés par le colonel Hansen, qui n'était pas moins qu'eux impliqué dans le mouvement de résistance. Mais les S.S. possédaient, sous la direction du général S.S. Schellenberg, leur propre service de renseignements. De même que le S.D. de Heydrich avait jadis absorbé toute la police du Reich, Schellenberg centralisa tout le contre-espionnage. L'*Abwehr* échappa au contrôle de l'armée pour passer sous celui des S.S. Schellenberg, major-général des Waffen S.S. et chef du service de sûreté, devint, dans les derniers mois de l'hitlérisme, un des personnages principaux du régime.

VII. — L'opposition après les défaites (1942-1944)

1. **Avant l'action.** — Après 1941, le front russe devint le centre de la guerre. Les adversaires du régime tentèrent de rallier à leur cause le chef du groupe d'armées central, von Kluge : il devait, dans une proclamation à l'armée, déclarer inacceptables et dangereux les ordres de Hitler. Le maréchal von Witzleben aurait, sur le front Ouest, lancé une proclamation analogue. Pendant ce temps, Beck et le général Olbricht occuperaient Berlin et arrêteraient les chefs du Parti. Mais le haut commandement temporisait toujours. Même le général Paulus se laissa encercler dans Stalingrad, plutôt que de donner le signal de la révolte.

La résistance continuait à agir sans plan d'ensemble. Un « Comité de l'Allemagne libre » fut formé à Moscou avec les chefs communistes, Wilhelm Pieck et Walter Ulbricht (qui devaient devenir Président de la République démocratique allemande et chef du Parti socialiste unifié, S.E.D.). Des tracts furent introduits en Allemagne, des sabotages organisés dans les arsenaux. Un groupe de résistance, la *Rote Kapelle*, sous les ordres du lieutenant Schulze-Boysen, travailla en relations étroites avec les Russes, jusqu'au jour où il fut décimé par la Gestapo.

D'autres pratiquaient une courageuse résistance dans un esprit voisin de l'objection de conscience. Un jeune étudiant de Munich, Hans Scholl et sa sœur Sophie, envoyaient des lettres anonymes aux intellectuels d'Allemagne pour leur demander de combattre le nazisme. Le 19 février 1943, ils lâchèrent des tracts du balcon de l'Université de Munich. Tous deux furent décapités, ainsi que le philosophe Karl Huber, qui encourageait leur action.

A la fin de 1942, après Stalingrad, El-Alamein et le débarquement allié en Afrique du Nord, il fut évident que la guerre était perdue. Si la résistance voulait éviter la reddition sans conditions et épargner à l'Allemagne un désastre, elle devait agir vite. Entre les différents groupes, des contacts s'établirent. Le cercle Kreisau collabora avec Goerdeler et Beck. Dans le gouvernement provisoire projeté, on fit une place aux socialistes Leuschner et Julius

Leber. Des rencontres eurent même lieu avec le Comité central communiste reconstitué.

Le 13 mars 1943, le lieutenant von Schlabrendorff plaça une bombe dans l'avion de Hitler : elle n'éclata pas. En janvier 1944, sous le prétexte de démontrer au Führer les avantages d'un nouveau paquetage d'infanterie, trois jeunes officiers devaient faire éclater une bombe dissimulée dans le paquetage et périr en même temps que Hitler : la démonstration n'eut pas lieu.

2. **Le coup d'Etat manqué du 20 juillet 1944.** — C'est le colonel Claus von Stauffenberg, chef d'état-major de l'armée de l'Intérieur, qui exécuta enfin l'attentat si longtemps projeté. Le mouvement de résistance, inquiet de l'avance rapide des troupes russes, commençait à mettre en doute l'opportunité de l'assassinat de Hitler. Certains de ses membres pensaient qu'il valait mieux décider les commandants du front occidental à déposer les armes et à négocier, à l'Ouest, une paix séparée. Von Kluge et Rommel y semblaient disposés. Mais Beck décida de s'en tenir au projet primitif.

Stauffenberg, quoique grièvement blessé en Afrique — il avait perdu le bras gauche et un œil — décida donc d'agir. Le 11 juillet, il porta une bombe à Berchtesgaden : Himmler et Gœring étant absents, il ne la déposa pas. Le 16 juillet, il se rendit au quartier général, mais Hitler ne vint pas. Enfin, le 20 juillet, il se rendit en Prusse orientale, à la Wolfsschanze, où le Führer tenait une conférence de guerre. Il plaça la bombe sous la table, sortit sous un prétexte, entendit l'explosion et partit en avion pour Berlin, sûr de la mort de Hitler. En fait, quatre officiers avaient été tués, mais Hitler n'avait que d'insignifiantes blessures.

Pendant ce temps, à Berlin, les conjurés appliquaient les mesures convenues. Grâce aux positions qu'ils occupaient dans l'armée de l'intérieur, ils avaient fait décréter l'état d'alerte prévu pour les troubles intérieurs. Le général Fromm refusant de se joindre aux révoltés, le général Olbricht l'arrêta. Mais bientôt, on put s'assurer, en téléphonant au quartier général, que Hitler n'avait pas été tué.

Tout n'était pas perdu cependant. Si les révoltés parvenaient à se rendre maîtres de Berlin, si les généraux du front de l'Ouest déposaient les armes, ainsi qu'il était convenu, le régime pouvait encore être renversé. Mais à Paris, le maréchal von Kluge, apprenant l'échec de l'attentat, reprenait sa parole et refusait au général von Stulpnagel, commandant la garnison de la ville, de diriger ses troupes contre les nazis. A Berlin, le major Remer, commandant un bataillon de la garnison, se plaça aux ordres de Gœbbels et encercla les rebelles (Remer devait devenir un des chefs du néo-nazisme) ; et le général Guderian, dont les blindés auraient pu encore sauver Berlin, n'accepta pas de les diriger contre les S.S. Le général Fromm, libéré, se retourna contre les conjurés qui l'avaient tenu prisonnier, et fit exécuter sur-le-champ quatre d'entre eux, dont Stauffenberg et Olbricht. Le général Beck se donna la mort aussitôt après.

Une terrible vague de représailles suivit l'attentat manqué. Quelques-uns des conjurés échappèrent par le suicide au jugement et aux tortures : ce fut le cas de Kluge, relevé de son commandement malgré son loyalisme envers le régime, et de Rommel, conjuré de la dernière heure, que Hitler fit inviter à s'empoisonner. Les autres furent traînés devant le Tribunal du Peuple, présidé par le brutal Freisler. Goerdeler, qui se cachait en Prusse orientale, fut reconnu, arrêté un mois plus tard, et exécuté. Parmi les autres victimes de la répression, citons : le maréchal von Witzleben, les généraux Stulpgnagel, Oster, Hoepner, von Rabenau, etc., l'amiral Canaris, le comte Helldorf (préfet de police de Berlin), les ambassadeurs U. von Hassell et F. W. von der Schulenburg. A. Trott zu Solz, Yorck von Wartenburg, Popitz, Jessen, Leuschner, A. Haushofer, etc. Mais les représailles ne frappèrent pas seulement les conjurés, elles s'étendirent à tout un cercle d'opposants et de suspects. Rares furent ceux qui, comme le général von Falkenhausen ou le général Speidel, sortirent vivants des camps.

Les conjurés du 20 juillet offrirent au monde un éclatant témoignage d'héroïsme et de liberté. Ils attestèrent qu'en Allemagne, au moins une minorité résolue résistait à la frénésie hitlérienne. Néanmoins, le complot ne fut pas universellement approuvé, même parmi les adversaires du national-socialisme. Sans parler de ceux qui réprouvaient la désobéissance militaire ou jugeaient condamnable, en pleine guerre étrangère, de courir le risque d'une guerre civile, il y en avait qui estimaient chimérique l'entreprise des conjurés : même Hitler mort, les cadres du régime et les six cent mille Waffen S.S. étaient assez forts pour ne pas se laisser déborder ; en outre, les Alliés avaient fixé, depuis octobre 1943 le sort futur de l'Allemagne et le complot ne pouvait plus détourner la catastrophe totale. D'autres — en particulier dans les milieux de gauche — redoutaient une nouvelle légende du « coup de poignard dans le dos » et jugeaient, puisque, de toute manière, l'Allemagne était perdue, une défaite en rase campagne préférable à un armistice négocié. On peut, en outre, se demander si un nouveau « gouvernement des barons » eût répondu aux vœux de l'Allemagne et quelle eût été sa solidité. En tout cas, les Alliés, qui n'ignoraient pas les projets des conjurés, n'avaient rien fait pour les favoriser : apparemment, ils souhaitaient médiocrement leur succès.

VIII. — Les derniers mois du régime (juillet 1944-mai 1945)

L'histoire des derniers mois du régime hitlérien se confond avec celle de la débâcle militaire. Mais Hitler est toujours aussi fanatiquement convaincu de la justice de la cause qu'il défend : si le national-socialisme est vaincu, l'Allemagne ne peut connaître que le malheur et la honte. Aussi faut-il combattre jusqu'au dernier instant, quel que soit le prix du combat. Toujours sûr, malgré les défaites, de sa mission providentielle, Hitler pense que le destin de l'Allemagne se confond avec son propre destin. Il est d'ailleurs physiquement brisé par le surmenage et aussi par les drogues que son médecin lui prescrit à des doses dangereuses. Les crises de nerfs succèdent aux folles colères : c'est un névrosé qui dirige l'Allemagne pendant ces mois de 1944-1945.

Après l'attentat de juillet 1944, Gœbbels reçoit le titre de « délégué général à la guerre totale ». Les femmes remplacent dans les usines de guerre les hommes récupérables, qui sont envoyés au front. Le 14 octobre 1944 est créée une milice populaire, le *Volkssturm* qui, sous les ordres de Bormann, réunit, pour les derniers combats, les jeunes garçons de seize à vingt ans et les hommes valides jusqu'à soixante ans. A partir du 20 novembre, Hitler vit à Berlin, dans l'abri bétonné de la chancellerie du Reich, qu'il ne quittera plus qu'un mois environ (du 11 décembre au 15 janvier) pour diriger, dans les montagnes du Taunus, la dernière offensive, menée dans les Ardennes par von Rundstedt. Mais, jusqu'au dernier instant, Hitler ordonne, nomme, destitue.

La situation cependant devient désespérée. Lorsque, le 20 avril 1945, Hitler fête, dans son bunker, son cinquante-sixième anniversaire, les Américains ne sont plus éloignés des Russes que par une étroite bande de terrain, et les troupes soviétiques ont commencé l'assaut de Berlin. Hitler prévoit deux commandements séparés, pour le cas probable où l'Allemagne serait coupée en deux ; il confie la zone nord à l'amiral Dœnitz ; pour le sud, il hésite encore entre le maréchal Kesselring et Gœring. Après cette rencontre du 20 avril, ce dernier repart pour Berchtesgaden, avec l'accord du Führer, tandis que Himmler rejoint le Schleswig, où se trouvent déjà les principaux services ministériels. Malgré les supplications de ses fidèles, qui l'invitent à se retirer dans le « réduit des Alpes », Hitler, jugeant la situation sans espoir, décide, le 22 avril, de mourir à Berlin. A Keitel et Jodl, qui lui demandent des ordres avant de repartir en Bavière, il répond de s'adresser au maréchal d'Empire (Gœring), car, ajoute-t-il, « s'il s'agit de négocier, Gœring s'en acquittera beaucoup mieux que moi ».

Cette phrase, répétée à Goering, provoquera une des dernières crises du régime mourant. Les textes de 1939 et 1941, qui instituaient Gœring successeur du Führer, n'avaient jamais été rapportés et il pouvait se croire toujours héritier désigné. Le 23 avril, il télégraphie donc à Hitler : « Approuvez-vous que je prenne immédiatement en main toute la direction du Reich conformément à votre décret du 29 juin 1941 ? Si aucune réponse n'est arrivée à 10 heures ce soir, je considérerai que vous avez perdu votre liberté d'action. » Hitler, excité par Bormann contre Gœring, se croit trahi et s'irrite de ce qu'il prend pour un ultimatum. Il fait grâce de la vie au maréchal d'Empire, mais le destitue de toutes ses fonctions, et le fait arrêter. Cet ordre est exécuté par les S.S. de Berchtesgaden le 23 avril à minuit.

Au nord, des événements analogues se déroulaient. Le général S.S. Schellenberg tentait depuis des mois d'entraîner Himmler à la révolte ouverte contre Hitler. Himmler résistait à cette tentation. Mais, se croyant lui aussi successeur probable du Führer, et jugeant qu'il était temps de mettre fin à la guerre, il était entré en contact avec le comte Bernadotte, directeur de la Croix-Rouge suédoise, pour engager avec les Alliés occidentaux des pourparlers de paix. Il espérait — contre tout bon sens — faire accepter par les Alliés une reconduction du nazisme sous sa direction. Ces négociations ne pouvaient, bien entendu, mener à rien, mais elles furent rapportées à Hitler le 28 avril. La « trahison » de son plus fidèle serviteur fut, pour le Führer, une dernière et douloureuse épreuve. Pris de rage, il fit fusiller sur-le-champ, au lieu de Himmler, qu'il ne pouvait atteindre, son représentant à Berlin, Fegelein.

Un troisième fidèle, Albert Speer, ministre de l'Armement, vint annoncer lui-même à Hitler sa« trahison». Soucieux d'éviter une dernière et inutile hécatombe, et de sauver au moins ce qui restait utilisable du patrimoine allemand, il avait fait enregistrer à Radio-Hambourg, un disque prêt à être diffusé, où il exposait au peuple allemand que la guerre était perdue et que le devoir de chaque citoyen était de remettre intactes aux Alliés toutes les usines et indemnes tous les occupants des prisons et des camps. Cette fois, la franchise de Speer et l'amitié que Hitler lui portait, furent plus fortes que le désir de vengeance, et Speer ne fut pas arrêté.

Le 29 avril, Hitler épousa sa maîtresse Eva Braun. Puis il rédigea son testament politique. Dans une première partie, il rejette sur les politiciens étrangers et les Juifs la responsabilité de la guerre et se plaint des trahisons dont il fut victime, en particulier de la part du haut commandement. Dans la deuxième partie, il destitue Gœring et Himmler de toutes leurs charges et les expulse du Parti. Il désigne comme successeur le grand amiral Dœnitz et fixe la composition du gouvernement : Gœbbels est chancelier, Seyss-Inquart (le commissaire du Reich en Hollande, puis au Danemark) ministre des Affaires étrangères ; le comte Schwerin von Krosigk garde les Finances ; le maréchal Schœrner est nommé commandant en chef. Bormann est désigné comme exécuteur testamentaire. Seul Gœbbels se récuse : il a décidé de ne pas survivre à Hitler et n'accepte pas les fonctions qui lui sont proposées.

Le 30 avril, à 3 h. 1/2, Eva Braun s'empoisonna et Hitler se tua d'un coup de revolver dans la bouche. Leurs corps furent incinérés dans la cour de la chancellerie du Reich. Le 1er mai, Gœbbels, après avoir fait empoisonner ses six enfants, se fit tuer, ainsi que sa femme, par son officier d'ordonnance. Les derniers survivants du Bunker, parmi lesquels Martin Bormann, tentèrent de fuir au milieu des chars russes ; on perdit leur trace, mais il est vraisemblable que presque tous furent tués avant de quitter Berlin. Werner Naumann, adjoint de Gœbbels au ministère de la Propagande, put cependant s'enfuir. Il allait devenir un des chefs du néo-nazisme.

Himmler transporta son état-major à Flensburg, à la frontière danoise, là où Dœnitz s'était, lui aussi, installé. Il offrit vainement ses services au nouveau chef de l'Etat. Au bout d'une quinzaine de jours d'hésitations, il se présenta à un poste de contrôle britannique et s'empoisonna.

Le 2 mai 1945, l'amiral Dœnitz forma son gouvernement sans tenir compte des dernières nominations de Hitler. Il en exclut les nazis et en confia la présidence au comte Schwerin von Krosigk, le ministre des Finances de Hitler, le seul des « barons » du gouvernement von Papen de 1932 qui se fût toujours maintenu au pouvoir, à travers toutes les tempêtes.

Dœnitz tenta vainement d'obtenir un armistice séparé à l'ouest pour continuer la guerre contre les Russes. Le 4 mai, la capitulation fut signée à Luneburg devant le maréchal Montgomery et dans la nuit du 6 au 7 au quartier général de Eisenhower, à Reims. La capitulation fut répétée, le 8 mai à Berlin, devant le maréchal Joukov.

Les Alliés déclarèrent qu'ils exerceraient eux-mêmes le pouvoir en Allemagne et ne reconnurent pas le gouvernement Dœnitz. Le 23 mai, les membres du cabinet furent arrêtés, ainsi que le maréchal Keitel et son état-major.

Epilogue : le procès de Nuremberg

Les responsables du régime national-socialiste qui purent être saisis par les polices alliées passèrent en jugement. Le principal de ces nombreux procès fut celui, dit de Nuremberg, où furent jugés les plus importants inculpés.

Les crimes retenus contre eux étaient ceux qui avaient trait à la provocation ou à la conduite de la guerre ; même les « crimes contre l'humanité » ne furent examinés à Nuremberg que dans la mesure où ils étaient en relation avec la guerre. Le principe même de ce procès n'échappait pas à tout reproche : il n'existait aucune loi écrite internationale, selon laquelle les accusés pouvaient être jugés ; il fallut l'improviser dans ce qu'on appelle le statut de Londres du 5 août 1945. On a dit, en Allemagne, que les magistrats alliés, dans l'atmosphère fiévreuse de l'après-guerre, ne pouvaient juger avec sérénité. D'autre part, les accusés, assistés par des avocats de leur choix, eurent toute possibilité de présenter leur défense : certains, comme Gœring, en profitèrent pour proposer, non sans morgue, une apologie du national-socialisme. Mais l'indignation était telle devant les crimes hitlériens, qu'il fallait bien les exposer au grand jour ; et mieux valait un procès que des exécutions sommaires. Et l'arrogante défense du régime que tentèrent quelques accusés ne risquait plus d'être malfaisante : l'Allemagne, abattue par son désastre, ne pouvait plus être sensible à une propagande, dont elle était rassasiée.

Le procès comporta quatre cent trois séances publiques. La sentence fut rendue le 1er octobre 1946. La Cour de Justice internationale avait à juger vingt-quatre accusés et huit organisations hitlériennes. Un des accusés, Bormann, fut jugé par contumace (et condamné à mort). Un autre, Ley, se donna la mort pendant l'instruction. Le cas de l'industriel Krupp von Bohlen fut disjoint. Sur les vingt et un accusés restants, onze furent condamnés à la mort par pendaison : Gœring (qui s'empoisonna juste avant l'exécution), von Ribbentrop, Kaltenbrunner (chef du S.D. et de la Gestapo), Alfred Rosenberg (ministre des régions occupées de l'Est), Hans Frank (gouverneur général de Pologne), Wilhelm Frick (protecteur de Bohême-Moravie), Seyss-Inquart (d'abord chancelier autrichien, puis commissaire du Reich en Hollande), Streicher (Gauleiter de Nuremberg et éditeur de la feuille antisémite *Der Stürmer*), Sauckel (directeur du Service obligatoire du Travail pour les étrangers), le maréchal Keitel, le général Jodl. Sept autres accusés furent condamnés à des peines diverses de prison : les amiraux Dœnitz et Raeder, le baron von Neurath, Funk (ministre de l'Economie et directeur de la Reichsbank), Speer (ministre de l'Armement), Baldur von Schirach (Statthalter de Vienne) et

Rudolf Hess. Trois inculpés furent acquittés : von Papen, Schacht et Fritzsche (directeur de la radio au ministère de la Propagande).

Sur les huit « organisations » inculpées, quatre furent déclarées criminelles, ce qui signifie que chacun des membres est individuellement punissable, du seul fait de son appartenance à l'organisation. Ce sont : le corps des chefs politiques du N.S.D.A.P., la Gestapo, le S.D., les S.S. Les quatre autres organismes accusés (le gouvernement du Reich, l'état-major général, l'O.K.W., les S.A.) ne reçurent pas la qualification de criminels.

CONCLUSION

La dictature hitlérienne avait duré douze ans. Elle laissait une Allemagne mutilée à l'est, dévastée par les bombardements, appauvrie de 4 millions de morts. On trouverait peut-être, dans l'histoire, des régimes aussi cruels, on n'en trouverait sans doute aucun qui ait fait couler tant de sang.

On peut raconter le déroulement des événements, on peut en supputer les causes. On reste cependant, à la fin, tout aussi confondu. Comment une doctrine aussi manifestement absurde que le racisme put-elle guider, des années durant, la politique d'un grand peuple ? Comment des sacrifices aussi stériles ont-ils pu être si longtemps consentis ? Comment comprendre ce délire collectif, qui fit commettre tant d'infamies et mena enfin la nation entière à la ruine ?

Toute une filiation de penseurs avait préparé l'Allemagne à un régime nationaliste et autoritaire : mais le national-socialisme bafouait leur pensée en une sanglante caricature. L'évolution interne de l'Allemagne, la conjoncture internationale, et même, si l'on veut, un certain état du capitalisme, expliquent l'instauration, en 1933, d'un « fascisme ». Mais il y eut, en Europe, d'autres « fascismes » : à Rome, à Madrid, même à Lisbonne. Aucun ne ressembla à la dictature hitlérienne : aucun ne fut raciste, aucun ne fit périr dans les chambres à gaz des millions de déportés.

La nécessité historique — qu'il eût été possible souvent de conjurer et de détourner — explique pourquoi une dictature s'est installée en Allemagne. Elle ne fait pas comprendre la forme que revêtit cette dictature. Pour comprendre l'hitlérisme, il faut faire intervenir le hasard. Le hasard, ce fut la personne d'Adolf Hitler. On imagine bien, avec von Schleicher ou même Gregor Strasser, une Allemagne guerrière et arrogante : non ce déploiement de fanatisme et de cruauté. Le réalisme, en effet, ne suffit pas à justifier la politique de Hitler : il y entre toujours un élément déraisonnable. Même la question juive, si Hitler estimait qu'il en existait une, pouvait être réglée par une émigration concertée : mais Hitler voulut détruire tous les Juifs du monde. La nécessité économique n'explique pas les camps de concentration allemands : pour Hitler, ce sont des entreprises d'extermination. Un homme d'Etat peut chercher à atteindre par la guerre des objectifs précis : pour Hitler, la guerre était une fin en elle-même ; chaque conquête le portait à une conquête nouvelle ; et, quand la défaite fut évidente, même à ses propres yeux, il rêva de détruire l'Allemagne tout entière. C'est ce méphistophélisme, ce besoin de destruction, qui distingue la dictature de Hitler. Une cruauté gratuite inspire chacune de ses décisions ; et, à la fin, s'exagérant jusqu'à l'absurde, elle veut anéantir ce qu'au début elle s'était juré de sauver.

L'Allemagne, pour une part lassée, pour une part subjuguée par cette volonté fanatique, laissa faire le tyran. L'esprit de ce seul homme imprima sa marque à la nation tout entière. Il n'eut autour de lui que des techniciens sans pensée politique comme Speer, des exécutants sans conscience, comme Himmler, ou des fats amoureux du pouvoir, comme

Gœring, Hitler seul décidait. Et si tous ceux qui disposèrent en Allemagne d'une parcelle d'autorité, portent la responsabilité des crimes dont ils furent complices, c'est la pensée de Hitler ou, si l'on veut, son « génie », qui les inspirait tous.

Or, Hitler ne cherchait pas seulement son avantage, ni même la gloire. Il poursuivait sans fin une obsession déraisonnable. Nous avons dit qu'une sorte de « flair » politique lui fit longtemps déceler le point faible de ses adversaires et lui permit de frapper au bon endroit. Mais cette politique, habile dans le détail, était insensée dans les fins qu'elle se proposait. La fascination que Hitler exerçait, dit-on, et par laquelle on explique son succès, était semblable à celle qu'exercent les possédés. Et c'est en ce sens aussi qu'on peut le dire fou : non tant à cause de ses crises de nerfs ni de ses colères si redoutées, mais par le caractère finalement absurde de son action. Sans les bons généraux et les fonctionnaires habiles, qui s'efforçaient, souvent en tremblant, de donner un sens à ses projets les plus dangereux, il est vraisemblable que son échec se fût produit plus tôt. Mais il resta douze années au pouvoir : si l'on ajoute aux victimes de la guerre ceux qui moururent dans les camps, on peut dire que plus de vingt millions d'hommes périrent par la volonté d'un seul.

BIBLIOGRAPHIE SOMMAIRE

On ne retiendra ici, dans une littérature immense, que les ouvrages, et parmi ceux-ci les plus importants seulement.

I. — *Ouvrages généraux sur la période*

E. Vermeil, *L'Allemagne contemporaine sociale, politique, culturelle*. T. II : *La République de Weimar et le IIIe Reich* (Paris, 1953),

G. Badia, *Histoire de l'Allemagne contemporaine, 1917-1962* (Paris, 1962). T. II (marxiste).

II. — *Sur le national-socialisme en général*

H. Man et H. Krausnick, *Le national-socialisme* (Paris, 1962).

A. Bullock, *Hitler ou les mécanismes de la tyrannie* (Paris, 1963), 2 vol.

W. Shirer, *Le IIIe Reich des origines à la chute* (Paris, 1961).

W. Hofer, *Le national-socialisme par les textes* (Paris, 1963).

J. Amsler, *Hitler* (Paris, 1960).

J. Fest, *Hitler*, Gallimard, 1973.

Parmi les témoignages déjà anciens, mais toujours précieux :

C. Heiden, *Les origines de Hitler et du national-socialisme* (Paris, 1934).

H. Rauschning, *La révolution du nihilisme* (Paris, 1939).

A. François-Poncet, *Souvenirs d'une ambassade à Berlin* (Paris, 1946).

M. Steinert, *Les origines de la seconde guerre mondiale*, P.U.F., 1973.

III. — *Sur quelques points particuliers*

Sur les origines idéologiques du national-socialisme :

E. Vermeil, *Doctrinaires de la révolution allemande, 1919-1938* (Paris, 1938).

Sur l'économie :

C. Bettelheim, *L'économie allemande sous le nazisme* (Paris, 1946).

Sur l'anti-sémitisme :

L. Poliakov, *Bréviaire de la haine. Le IIIe Reich et les Juifs* (Paris, 1960).

Sur la presse :

A. Grosser, *Hitler, la presse et la naissance d'une dictature* (Paris, 1959).

Sur l'armée :

J. W. Wheeler-Bennett, *Le drame de l'armée allemande* (Paris, 1955).

TABLE DES MATIÈRES

PREMIÈRE PARTIE

LA CONQUÊTE DU POUVOIR

DEUXIÈME PARTIE

L'HITLÉRISME AU POUVOIR

Imprimé en France, à Vendôme
Imprimerie des Presses Universitaires de France
1979 — N° 26 630